# DIE ULTIMA
# FÜR FISCH UND
# MEERESFRÜCHTE

Ein Fest der 100 Meeresfrüchte-Rezepte für alltägliche
Mahlzeiten

HRABAN GERVER

# INHALTSVERZEICHNIS

## BURGER & SANDWICHES ........................ 196

## SALATE ........................ 208

# EINLEITUNG

Meeresfrüchte sind eine der beliebtesten Lebensmittelgruppen überhaupt und sehr einfach zu planen und zuzubereiten. Dieses Meeresfrüchte-Kochbuch vermittelt Ihnen die nötigen Fähigkeiten, um ein besserer Koch zu werden.

Die Rezepte sind einfach zuzubereiten, zeitsparend und vor allem sättigend. Es wird Ihre Kochkünste und -kenntnisse verbessern und Ihnen dabei helfen, herauszufinden, welche Meeresfrüchte Sie je nach Vorliebe genießen.

# FRÜHSTÜCK

# 1. Thunfisch-Ei-Auflauf

Portionsgröße: 8

## Zutaten:
### Eiermischung:
- $\frac{1}{2}$ Teelöffel Cayennepfeffer
- $\frac{1}{4}$ Teelöffel Himalaya-Rosasalz
- $\frac{1}{2}$ Tasse Kokosmilch
- $\frac{1}{2}$ Teelöffel getrocknete Chilis
- 6 große Eier
- $\frac{1}{2}$ Teelöffel Knoblauchpulver

### Füllung:
- 1/2 Teelöffel schwarzer Pfeffer
- 1 (5 oz.) Dose Thunfisch, abgetropft
- 1 mittelgroße Zwiebel gewürfelt
- 1 Paprika gewürfelt
- $\frac{1}{4}$ Teelöffel Himalaya-Rosasalz
- 2 Tassen Frühlingsgrün
- 2-3 große Kastanien-Cremini-Pilze, in Scheiben geschnitten

## Richtungen:

a) Ofen auf 350∘F vorheizen.

b) Für die Eimischung die Eier in einer großen Schüssel aufschlagen, Gewürze und Kokosmilch hinzugeben.

c) In einer ofenfesten Pfanne bei niedriger, mittlerer Hitze den Pilz und die Zwiebel 6-8 Minuten anbraten, bis die Zwiebeln glasig und die Pilze weich sind.

d) Fügen Sie Paprika hinzu, bevor Sie 3-4 Minuten kochen.

e) Fügen Sie Frühlingsgrün hinzu und kochen Sie es, bis es leicht zusammengefallen und hellgrün ist.

f) Fügen Sie Ihren Thunfisch hinzu und mischen Sie dann das Ei.

g) Stellen Sie die Form für 40-45 Minuten in den Ofen, bis das Ei durchgegart ist (Sie können dies mit einem Messer in der Mitte überprüfen).

## 2. Lachs-Frittata

Portionsgröße: 6

Kochzeit: 20 Minuten

**Zutaten:**
- 10 große Eier
- 4 Unzen. Ziegenkäse
- 1 Schalotte, gewürfelt
- 8 Unzen. Räucherlachs, in kleine Stücke gerissen Pfeffer und Salz abschmecken
- 1 Porree, geputzt und die weißen und hellgrünen Teile gewürfelt
- 1 Bund frischer Dill, grob gehackt
- 3 Frühlingszwiebeln, in dünne Scheiben geschnitten
- 1 Bund frische Petersilie, grob gehackt
- 3 Esslöffel Olivenöl, geteilt
- 1 Becher Joghurt oder milchfreier Joghurt

**Richtungen:**

a) Bei mittlerer Hitze einen Esslöffel Öl in einer Pfanne erhitzen.

b) Frühlingszwiebeln, Schalotte, Lauch dazugeben und 2 Minuten anbraten. Gemüse auf einen Teller geben und beiseite stellen.

c) Joghurt und Eier in einer großen Schüssel verquirlen. Ziegenkäse, Kräuter, sautierten Lauch, Frühlingszwiebeln, Schalotte, Räucherlachs, Pfeffer und Salz unterrühren.

d) Reinigen Sie die Pfanne, die Sie zum Braten des Gemüses verwendet haben, mit einem Papiertuch. Stellen Sie die

Pfanne nach der Reinigung auf schwache Hitze und fügen Sie 2 Esslöffel hinzu. Olivenöl. Stellen Sie sicher, dass der Pfannenboden vollständig bedeckt ist.

e) Gießen Sie die Mischung mit Eiern und kochen Sie sie 10 Minuten lang.

f) Schieben Sie die Frittata in den Ofen (auf das Regal in der Mitte) und schalten Sie den oberen Grill ein.

g) Weitere 10 Minuten backen, dabei regelmäßig nachschauen, ob es nicht zu braun wird. Um zu verhindern, dass die Oberseite schneller gart als die Innenseite, schalten Sie den Grill aus und fahren Sie mit dem Garen im Ofen fort.

h) Mit Kräutern servieren und genießen.

# 3. Lachshasch mit Spiegeleiern

Portionsgröße: 4

## Zutaten:

- 4 Esslöffel ungesalzene Butter
- 2 Pfund rote Kartoffeln, geschrubbt und gekocht, bis sie gerade weich sind
- 1 großer Lauch, gut gespült, getrimmt und quer in dünne Scheiben geschnitten
- 2 Stangen Sellerie, in $\frac{1}{2}$ Zoll große Würfel geschnitten
- Frisch gemahlener schwarzer Pfeffer
- 3 Tassen (6 Unzen) gekochter Lachs, grob geflockt
- 2 Esslöffel grob gehackte glatte Petersilie
- 4 Eier, gebraten, zum Servieren
- Koscheres Salz

## Richtungen:

a) In einer großen gusseisernen Pfanne die Butter bei mittlerer Hitze schmelzen und schwenken, um die Pfanne zu bedecken. Die gekochten Kartoffeln auf einem Schneidebrett oder Teller leicht flachdrücken und mit Lauch und Sellerie in die Pfanne geben. Brechen Sie die Kartoffeln vorsichtig in kleine, grobe Stücke und braten Sie sie etwa 3 Minuten lang an. Mit Salz und Pfeffer würzen und weitere 3 Minuten braten, bis der Sellerie weich ist.

b) Stellen Sie die Hitze auf mittelhoch ein und kochen Sie die Kartoffeln 10 bis 15 Minuten lang, bis sie leicht gebräunt sind. Petersilie und Lachs hinzufügen und kochen, bis der Lachs durchgewärmt ist. Verwende einen flachen Silikonspatel, um den Lachs vorsichtig unter die Kartoffeln zu heben, damit der Lachs nicht zu sehr zerfällt. Fügen Sie mehr Salz und Pfeffer hinzu, um zu schmecken.

c) Zum Servieren das Lachshasch auf vorgewärmte Teller verteilen und jede Portion mit einem Spiegelei garnieren.

# 4. Omelett mit Garnelen

Portionsgröße: 4

## Zutaten:

- 2 Esslöffel natives Olivenöl extra
- 1 Tasse gekochte Lorbeergarnelen
- 1 Tasse geschnittene Frühlingszwiebeln – dünn geschnittene weiße und grüne Teile
- 1 Esslöffel Zitronenschale
- Koscheres Salz
- Frisch gemahlener schwarzer Pfeffer
- 8 Esslöffel ungesalzene Butter, geteilt
- 8 Eier, geteilt

## Richtungen:

a) In einer 8-Zoll-Antihaftpfanne das Olivenöl bei mittlerer Hitze erhitzen und die Garnelen und Frühlingszwiebeln einrühren. Vorsichtig sautieren, bis es gerade durchgeheizt ist. In eine große Rührschüssel geben und die Zitronenschale sowie je eine Prise Salz und Pfeffer einrühren. Beiseite legen.

b) Wischen Sie die Pfanne aus und stellen Sie sie wieder auf mittlere Hitze. Fügen Sie 2 Esslöffel Butter hinzu und schwenken Sie, um die Pfanne zu bedecken, während sie schmilzt. Schlagen Sie 2 Eier in eine große Schüssel und schlagen Sie kräftig, um das Eiweiß und das Eigelb zusammenzuschlagen. Die Eier entsprechend würzen.

c) Wenn die Butter aufhört zu schäumen, gießen Sie die Eier hinein und rühren Sie vorsichtig um, bis die Eier gerade erst zu stocken beginnen, etwa 2 Minuten. Verwenden Sie einen hitzebeständigen Spatel, um das Ei an den Rändern der Pfanne zu kratzen, und heben Sie die Pfanne vorsichtig an und kippen Sie sie so, dass flüssiges Ei darunter läuft. Lassen Sie die Eier weitere 45 Sekunden kochen oder bis die Oberfläche der Eier trocken und matt aussieht (keine flüssigen Eier).

d) Fügen Sie $\frac{1}{4}$ Tasse der Garnelenmischung zur Hälfte der Eier hinzu und falten Sie dann die andere Hälfte darüber.

e) Das Omelett auf einen vorgewärmten Teller schieben. Wiederholen Sie dasselbe mit der restlichen Butter, den Eiern und den Garnelen. Jedes Omelett mit der restlichen Füllung garnieren.

## 5. Geräucherter Lachs mit gebackenen Eiern in Avocados

Portionsgröße: 4

## Zutaten:

- 2 extra große Avocados
- Koscheres Salz
- Frisch gemahlener schwarzer Pfeffer
- 2 Unzen Räucherlachs
- 4 große Eier
- Prise rote Paprikaflocken
- 1 Esslöffel natives Olivenöl extra zum Beträufeln
- 4 Scheiben Sauerteigbrot, getoastet

## Richtungen:

a) Ofen auf 400°F vorheizen.
b) Avocados halbieren und die Kerne vorsichtig entfernen.
c) Verwenden Sie einen Löffel, um 1 oder 2 Kugeln aus dem Inneren der Avocados zu entfernen, um größere Vertiefungen für die Eier zu schaffen. Reservieren Sie die ausgehöhlte Avocado zum Servieren mit dem Toast.
d) Legen Sie die Avocados in eine 8 x 8 Zoll große Auflaufform. Würze sie mit je einer Prise Salz und Pfeffer. Die Räucherlachsscheiben gleichmäßig verteilen und in die Avocados legen. Schlagen Sie die Eier vorsichtig in die Avocados über dem Lachs und würzen Sie leicht mit mehr Salz und Pfeffer. Leicht mit den roten Paprikaflocken bestreuen (falls verwendet).
e) 12 bis 14 Minuten backen, bis das Eiweiß gestockt, das Eigelb aber noch flüssig ist.

f) Die Spitzen der Eier mit dem Olivenöl beträufeln. Servieren Sie jede Avocado auf einem vorgewärmten Teller mit einer Scheibe Toast, die mit der ausgehöhlten Avocado belegt ist.

# 6. Geräucherter Lachs und Frischkäse auf Toast

**Zutaten:**

- 8 französische Baguette- oder Roggenbrotscheiben
- $\frac{1}{2}$ Tasse Frischkäse weich gemacht
- 2 Esslöffel weiße Zwiebel, in dünne Scheiben geschnitten
- 1 Tasse geräucherter Lachs, in Scheiben geschnitten
- $\frac{1}{4}$ Tasse Butter, ungesalzene Sorte
- $\frac{1}{2}$ Teelöffel italienische Gewürze
- Dillblätter, fein gehackt
- Salz und Pfeffer nach Geschmack

**Richtungen:**

a) Butter in einer kleinen Pfanne schmelzen und nach und nach italienische Gewürze hinzugeben. Die Masse auf die Brotscheiben verteilen.

b) Toasten Sie sie einige Minuten lang mit einem Brottoaster.

c) Etwas Frischkäse auf das geröstete Brot streichen. Dann mit Räucherlachs und dünnen Scheiben roter Zwiebel belegen. Wiederholen Sie den Vorgang, bis alle gerösteten Brotscheiben verbraucht sind.

d) Auf eine Servierplatte geben und mit fein gehackten Dillblättern garnieren.

## 7. Geräucherter Lachs und Frischkäse auf Toast

Portionen:5 Portionen

## Zutaten

- 8 französische Baguette- oder Roggenbrotscheiben

- $\frac{1}{2}$ Tasse Frischkäse weich gemacht

- 2 Esslöffel weiße Zwiebel, in dünne Scheiben geschnitten

- 1 Tasse geräucherter Lachs, in Scheiben geschnitten

- $\frac{1}{4}$ Tasse Butter, ungesalzene Sorte

- $\frac{1}{2}$ Teelöffel italienische Gewürze

- Dillblätter, fein gehackt

- Salz und Pfeffer nach Geschmack

## Richtungen:

a) Butter in einer kleinen Pfanne schmelzen und nach und nach italienische Gewürze hinzugeben. Die Masse auf die Brotscheiben verteilen.

b) Toasten Sie sie einige Minuten lang mit einem Brottoaster.

c) Etwas Frischkäse auf das geröstete Brot streichen. Dann mit Räucherlachs und dünnen Scheiben roter Zwiebel belegen. Wiederholen Sie den Vorgang, bis alle gerösteten Brotscheiben verbraucht sind.

d) Auf eine Servierplatte geben und mit fein gehackten Dillblättern garnieren.

## 8. Lachs auf Toast mit pochiertem Ei

## Zutaten

- 2 Lachsfilets

- 1 Bund Spargel, geputzt

- 2 dicke Scheiben geröstetes Sauerteigbrot, frisch geschnitten

- 2 Eier aus Freilandhaltung

## Richtungen:

a) Nehmen Sie die Filets aus dem Außenbeutel und legen Sie sie dann (während sie gefroren und noch in einzelnen Beuteln sind) in eine Pfanne und bedecken Sie sie mit kaltem Wasser. Zum Kochen bringen und 15 Minuten leicht köcheln lassen.

b) Nehmen Sie die gekochten Lachsfilets aus den Beuteln und legen Sie sie auf einen Teller, während Sie das Gericht zusammenstellen.

c) Während der Lachs gart, die Hollandaise zubereiten. Stellen Sie eine hitzebeständige Glasschüssel über einen Topf, den Sie zur Hälfte mit Wasser gefüllt haben, und bringen Sie es bei schwacher Hitze zum Köcheln. Nun die Butter in einem separaten kleinen Topf schmelzen und dann vom Herd nehmen.

d) Geben Sie die getrennten Eigelbe in die Schüssel über das warme Wasser und beginnen Sie zu schlagen, während Sie nach und nach Weißweinessig hinzufügen. Weiter schlagen, während Sie dann die geschmolzene Butter hinzufügen. Die Mischung verbindet sich zu einer köstlich glatten, dicken

Sauce. Fügen Sie ein paar Spritzer Zitronensaft hinzu, wenn die Sauce zu dick erscheint. Leicht mit etwas Salz und etwas frisch gemahlenem schwarzem Pfeffer würzen.

e) Einen Topf mit kochendem Wasser aus dem Wasserkocher füllen und bei mittlerer Hitze zum Köcheln bringen, eine Prise Meersalz hinzufügen. Schlagen Sie die Eier einzeln in Tassen auf und rühren Sie dann das Wasser um, um es in Bewegung zu bringen, bevor Sie die Eier einzeln hinzufügen.

f) Garen lassen – 2 Minuten für ein weiches Ei, 4 Minuten für ein festeres. Mit einer Schaumkelle zum Abtropfen aus der Pfanne nehmen. Dann acht Spargelstangen in den Topf mit kochendem Wasser geben und 1 - 1½ Minuten garen, bis sie gerade weich sind. In der Zwischenzeit den Toast auflegen.

g) Den Toast mit Butter bestreichen und mit den Spargelstangen belegen, dann das pochierte Ei, ein oder zwei Löffel Hollandaise und schließlich das pochierte Lachsfilet.

h) Mit einer Prise Meersalz und grobem schwarzem Pfeffer würzen und sofort essen!

## 9. Frühstückswrap mit Lachs und Ei

dient: 1

## Zutaten

- 2 große britische Löweneier, geschlagen

- 1 Esslöffel gehackter frischer Dill oder Schnittlauch

- Eine Prise Salz und frisch gemahlener schwarzer Pfeffer

- Ein Spritzer Olivenöl

- 2 Esslöffel fettfreier griechischer Joghurt

- Etwas abgeriebene Schale und ein Spritzer Zitronensaft

- 40 g geräucherter Lachs, in Streifen geschnitten

- Eine Handvoll Salat aus Brunnenkresse, Spinat und Rucola

## Richtungen:

a) In einem Krug Eier, Kräuter, Salz und Pfeffer schlagen. Erhitzen Sie eine beschichtete Bratpfanne, fügen Sie das Öl hinzu und gießen Sie dann die Eier hinein und kochen Sie eine Minute lang oder bis das Ei auf der Oberseite gerade erstarrt ist.

b) Wenden und eine weitere Minute backen, bis der Boden goldbraun ist. Zum Abkühlen auf ein Brett geben.

c) Joghurt mit Zitronenschale und -saft und reichlich gemahlenem schwarzem Pfeffer verrühren. Räucherlachs über den Eierwickel streuen, mit den Blättern belegen und über die Joghurtmischung träufeln.

d) Den Wrap aufrollen und zum Servieren in Papier wickeln.

# VORSPEISEN

# 10. Cremige Kartoffel-Lachs-Häppchen

Portionen: 10 Portionen

## Zutaten:
- 20 kleine rote Kartoffeln
- 200 Gramm geräucherter Lachs, in mundgerechte Stücke geschnitten
- 1 Tasse saure Sahne
- 1 mittelgroße weiße Zwiebel, fein gehackt
- Salz und Pfeffer nach Geschmack
- Frische Dillblätter, fein gehackt

## Richtungen:
a) Einen großen Topf mit Wasser zum Kochen bringen, dann 2 Esslöffel Salz in den Topf geben. Die Kartoffeln in den Topf geben und 8-10 Minuten kochen oder bis die Kartoffeln gar sind.

b) Die Kartoffeln sofort aus dem Topf fischen und in eine Schüssel geben. Gießen Sie kaltes Wasser darüber, um den Kochvorgang zu stoppen. Gut abtropfen lassen und beiseite stellen.

c) In einer mittelgroßen Schüssel die restlichen Zutaten vermengen. 5-10 Minuten im Kühlschrank kalt stellen.

d) Schneiden Sie die Babykartoffeln in zwei Hälften und kratzen Sie einige Teile der Mitte der Kartoffeln aus. Geben Sie das geschöpfte Kartoffelfleisch in die gekühlte cremige Mischung. Mit den restlichen Zutaten gut verrühren.

e) Mit einem Teelöffel oder einem Spritzbeutel die Kartoffeln mit der cremigen Masse garnieren.

f) Vor dem Servieren mit fein gehackten Dillblättern bestreuen.

# 11. Räucherlachs Dipp

Portionen: 4 Portionen

## Zutaten:

- 1 Tasse geräucherter Lachs, gehackt
- 1 Tasse Frischkäse, Raumtemperatur
- $\frac{1}{2}$ Tasse saure Sahne, fettreduzierte Sorte
- 1 Esslöffel Zitronensaft, frisch gepresst
- 1 Esslöffel Schnittlauch oder Dill, gehackt
- $\frac{1}{2}$ Teelöffel scharfe Soße
- Salz und Pfeffer nach Geschmack
- Französische Baguettescheiben oder dünne Weizencracker zum Servieren

## Richtungen:

a) Frischkäse, saure Sahne, Zitronensaft und scharfe Soße in eine Küchenmaschine oder einen elektrischen Mixer geben. Schlagen Sie die Mischung, bis sie glatt ist.

b) Übertragen Sie die Mischung in einen Behälter. Fügen Sie den gehackten Räucherlachs und den gehackten Schnittlauch hinzu und mischen Sie gründlich.

c) Die Mischung für eine Stunde in den Kühlschrank stellen, dann mit mehr gehacktem Schnittlauch garnieren. Servieren Sie den gekühlten Lachsaufstrich mit Baguettescheiben oder dünnen Crackern.

# 12. Snack Räucherlachs Canapés

Ausbeute: 1 Portion

## Zutat

- 6 Unzen Rahmkäse (erweicht)

- 25 Canapés Basen Petersilie

- 2 Teelöffel zubereiteter Senf

- 4 Unzen Räucherlachs

## Richtungen:

a) Frischkäse und Senf mischen; einen Teil der Mischung dünn auf Canapé-Böden verteilen.

b) Legen Sie ein Stück Lachs auf jedes Canapé, bedecken Sie es mit einem Punkt der restlichen Mischung oder spritzen Sie die gesamte Frischkäsemischung auf den Boden, wenn Sie möchten.

c) Jeweils mit einem Zweig Petersilie bestreuen.

# 13. Gebackene Lachskroketten

Ausbeute: 6 Portionen

## Zutat

- 2 Esslöffel Butter; erweicht
- 1½ Pfund frischer Lachs; gekocht
- 2 Tassen frische Semmelbrösel
- 1 Esslöffel Frühlingszwiebel
- 1 Esslöffel frischer Dill; geschnippelt
- ½ Zitrone; Schale, gerieben
- 1 Ei
- 1 Tasse Sahne
- ½ Teelöffel Salz
- ½ Tasse saure Sahne
- Kaviar
- Zitronenscheiben

## Richtungen:

a)  Legen Sie die Lachsflocken in eine Schüssel.

b)  Fügen Sie ¾ Tasse Semmelbrösel, Frühlingszwiebel, Dill, Zitronenschale, Ei und Sahne hinzu. Mit einer Gabel vorsichtig mischen. Mit Salz, Pfeffer und Cayennepfeffer würzen. Dot mit den restlichen Esslöffeln Butter.

c)  Ordnen Sie die Tassen in einer Bratpfanne an. Gießen Sie so viel heißes Wasser ein, dass es bis zur Hälfte der Seiten der Förmchen reicht. Backen, bis sie ziemlich fest und fest sind, etwa 30 Minuten.

d) 5 bis 10 Minuten abkühlen.

e) Die Kroketten können ungeformt, mit der rechten Seite nach oben oder in den Förmchen serviert werden. Jede Krokette mit Sauerrahm und Kaviar garnieren oder einfach mit Zitrone garnieren.

**14. Gebackene Lachspäckchen**

Ausbeute: 4 Portionen

## Zutat

- 4 Lachsfilets
- 4 Teelöffel Butter
- 8 Thymianzweige, frisch
- 8 Petersilienzweige, frisch
- 4 Knoblauchzehen, gehackt
- 4 Esslöffel Weißwein, trocken
- $\frac{1}{2}$ Teelöffel Salz
- $\frac{1}{2}$ Teelöffel Schwarzer Pfeffer, gemahlen

## Richtungen:

a) Backofen auf 400 Grad vorheizen. Legen Sie 4 große Folienstücke mit der glänzenden Seite nach unten auf eine Arbeitsfläche. Besprühen Sie die Innenseite mit Gemüsekochspray. Auf jedes Stück Folie ein Fischfilet legen. Thymian, Petersilie, Knoblauch, Salz, Pfeffer und Wein gleichmäßig auf den Fisch verteilen.

b) Bestreichen Sie jedes Filet mit einem Teelöffel Butter und falten und versiegeln Sie dann die Ränder. Die Päckchen auf ein Backblech legen und 10-12 Minuten backen. Päckchen auf Teller legen und vorsichtig öffnen.

# 15. Vorspeise aus schwarzen Bohnen und Lachs

## Zutat

- 8 Maistortillas;

- 16 Unzen schwarze Maisbohnen;

- 7 Unzen rosa Lachs

- 2 Esslöffel Distelöl

- $\frac{1}{4}$ Tasse frischer Limettensaft

- $\frac{1}{4}$ Tasse frische Petersilie; gehackt

- $\frac{1}{2}$ Teelöffel Zwiebelpulver

- $\frac{1}{2}$ Teelöffel Selleriesalz

- $\frac{3}{4}$ Teelöffel gemahlener Kreuzkümmel

- $\frac{3}{4}$ Teelöffel Knoblauch; gehackt

- $\frac{1}{2}$ Teelöffel Limettenschale; gerieben

- $\frac{1}{4}$ Teelöffel Paprikaflocken; getrocknet

- $\frac{1}{4}$ Teelöffel Chilischote;

## Richtungen:

a) Ofen vorheizen auf 350 Grad. Tortillas in Dreiecke schneiden und im Ofen backen, bis sie knusprig sind, etwa 5 Minuten.

b) Bohnen und Lachs mischen und den Lachs mit einer Gabel zerteilen.

c) Restliche Zutaten mischen; kühlen, um Aromen zu mischen. Mit Tortilla-Chips servieren

## 16. Lachsbrötchen

Ausbeute: 6 Portionen

## Zutat

- 6 Räucherlachs; dünn geschnitten

- 1 Vorbereiteter Brotteig

- 1 Ei; geschlagen

- Grüne Zwiebel; fein gehackt

- Frisch gemahlener Pfeffer

## Richtungen:

a) Rollen Sie den vorbereiteten Teig nach dem Auftauen zu einem 9-Zoll-Kreis aus.

b) Decken Sie die Oberseite mit Lachsstreifen ab und fügen Sie Gewürze hinzu.

c) Schneiden Sie den Kreis in keilförmige Stücke und rollen Sie jedes fest, beginnend am äußeren Rand. Die Rolle mit dem verquirlten Ei bestreichen und bei 425 etwa 15 Minuten backen.

d) Heiß als Vorspeise oder zum Mittagessen servieren.

# 17. Fischnugget

Portionsgröße: 2

## Zutaten

- 2 Welsfilets, ohne Haut, jeweils etwa 3 Unzen
- $\frac{1}{2}$ Tasse Mandelmehl oder Allzweckmehl
- $\frac{1}{2}$ Teelöffel Knoblauchpulver
- 1 Teelöffel Salz
- $\frac{1}{2}$ Teelöffel gemahlener schwarzer Pfeffer
- $\frac{1}{2}$ Teelöffel geräucherter Paprika
- 1 Ei, bei Zimmertemperatur
- Antihaft-Speiseölspray

## Richtungen:

a) Spülen Sie die Filets in trockenen Papiertüchern ab. Die Filets in mundgerechte Stücke schneiden.

b) Das Ei in einer großen Schüssel aufschlagen und gut verquirlen.

c) Mehl in eine flache Schüssel geben. Fügen Sie Knoblauch, Salz, schwarzen Pfeffer und Paprika hinzu und rühren Sie dann um, bis alles vermischt ist.

d) Ein Fischstück nach dem anderen bearbeiten, in das Ei tauchen und dann in der Mehlmischung panieren.

e) Schalten Sie die Heißluftfritteuse ein und fetten Sie den Friteusenkorb mit Öl ein. Setzen Sie es in die Fritteuse ein und schließen Sie die Abdeckung. Wählen Sie die Kochtemperatur bis zu 425 Grad F und heizen Sie vor.

f) Ordnen Sie die vorbereiteten Fischnuggets in einer einzigen Schicht an und legen Sie sie in den Friteusenkorb. Mit Öl besprühen. Dann 10 Minuten braten, bis sie knusprig sind, nach der Hälfte wenden, bis sie durchgegart sind.

g) Wenn Sie fertig sind, geben Sie die Nuggets auf einen Teller und servieren Sie sie dann.

# 18. Hugos Frühstücks-Fischfrikadellen

Serviert 4

- 400 g mehlige Hauptkartoffeln, gekocht
- 300 g Kabeljaufilet
- 225 ml (8 fl oz) Vollmilch
- 1 geschälter Streifen Zitronenschale
- 1 Lorbeerblatt
- 40 g Butter
- 2 Teelöffel Olivenöl
- 1 kleine Zwiebel, fein gehackt
- eine Handvoll Petersilie
- 1 Teelöffel frischer Zitronensaft
- 25 g (1 Unze) einfaches Mehl
- 1 großes Ei, geschlagen
- 100 g (4 Unzen) frische weiße Semmelbrösel

a) Fisch, Milch, Zitronenschale, Lorbeerblatt und etwas schwarzen Pfeffer in eine Pfanne geben. Abdecken, zum Kochen bringen und 4 Minuten köcheln lassen oder bis der Fisch gerade durchgegart ist.

b) 15 g ($\frac{1}{2}$ oz) Butter in einer mittelgroßen Pfanne schmelzen, 1 Teelöffel Olivenöl und die Zwiebel hinzufügen und 6–7 Minuten sanft braten, bis sie weich und durchscheinend, aber nicht braun sind. Fügen Sie die Kartoffelpüree hinzu und lassen Sie sie durchwärmen; dann den Fisch, die Petersilie, den Zitronensaft und 2 Esslöffel der Pochiermilch dazugeben und gut vermischen.

c) Das Ei in einen tiefen Teller geben und die Semmelbrösel in einen anderen. Mit leicht angefeuchteten Händen die Mischung im Mehl zu acht ca. 1 cm dicken Fischfrikadellen formen. In das verquirlte Ei und dann in die Semmelbrösel tauchen, auf ein Backblech legen und 1 Stunde (oder besser noch über Nacht) im Kühlschrank kalt stellen.

d) Die restliche Butter und den letzten Teelöffel Öl in einer beschichteten Bratpfanne erhitzen, bis die Butter geschmolzen ist, die Fischfrikadellen hineingeben und dann von jeder Seite etwa 5 Minuten lang goldbraun braten.

## 19. Brasilianischer Fischereintopf

Ausbeute: 6 Portionen

## Zutat

- 3 Esslöffel Limettensaft

- 1 Esslöffel gemahlener Kreuzkümmel

- 1 Esslöffel Paprika

- 2 Teelöffel gehackter Knoblauch

- 1 Teelöffel Salz

- 1 Teelöffel gemahlener schwarzer Pfeffer

- 1 $\frac{1}{2}$ Pfund Tilapiafilets, in Stücke geschnitten

- 2 Esslöffel Olivenöl

- 2 Zwiebeln, gehackt

- 4 große Paprikaschoten, in Scheiben geschnitten

- 1 (16 Unzen) Dose gewürfelte Tomaten, abgetropft

- 1 (16 Unzen) Dose Kokosmilch

- 1 Bund frischer Koriander, gehackt (optional)

## Richtungen

a) Limettensaft, Kreuzkümmel, Paprika, Knoblauch, Salz und Pfeffer in einer Schüssel verrühren. Den Tilapia dazugeben und zum Überziehen schwenken. Abdecken und mindestens 20 Minuten bis zu 24 Stunden im Kühlschrank lagern.

b) Das Olivenöl in einem großen Topf bei mittlerer Hitze erhitzen. Die Zwiebeln im Öl 1 bis 2 Minuten schnell anbraten. Hitze auf mittel reduzieren. Paprika, Tilapia und Tomatenwürfel in aufeinanderfolgenden Schichten in den Topf geben. Gießen Sie die Kokosmilch über die Mischung. Den Topf abdecken und 15 Minuten köcheln lassen, gelegentlich umrühren. Rühren Sie den Koriander ein und kochen Sie weiter, bis der Tilapia vollständig durchgegart ist, weitere 5 bis 10 Minuten.

# 20. Avocado- und Jakobsmuschel-Ceviche

**Zutat**

- ½ Tasse frischer Limettensaft

- 3 Esslöffel Erdnussöl Oder:

- Pflanzenöl

- 24 grüne Pfefferkörner, zerkleinert

- Salz nach Geschmack

- ¾ Pfund Sea Or Bay Jakobsmuscheln

- 1 große reife Avocado, geschält

- 2 Esslöffel frischer Schnittlauch

- 40 kleine weiße Pilze

- ¼ Tasse Pflanzenöl

- 2 Esslöffel frischer Zitronensaft

- 1 mittelgroße Knoblauchzehe, geschält und zerdrückt

- Salz & Pfeffer nach Geschmack

- Frühlingszwiebeln

a) Kombinieren Sie Limettensaft, Öl, Pfefferkörner, Salz und Pfeffer in einer Glas- oder Keramikschüssel. Jakobsmuscheln unterrühren

b) Zerdrücken Sie die Avocado, bis sie fast glatt ist, und fügen Sie sie dann zusammen mit dem Schnittlauch oder den Frühlingszwiebeln zu den marinierten Jakobsmuscheln hinzu

c) Kombinieren Sie Pflanzenöl, Zitronensaft, Knoblauch, Salz und Pfeffer in einer kleinen Schüssel und bestreichen Sie die Innenseiten der Pilze großzügig mit der Mischung.

# 21. Jakobsmuschel-Ceviche

Ausbeute: 6 Portionen

**Zutat**

- 1½ Teelöffel gemahlener Kreuzkümmel

- 1 Tasse frischer Limettensaft

- ½ Tasse frischer Orangensaft

- 2 Pfund Jakobsmuscheln

- 1 scharfe rote Chilischote; fein gehackt

- ¼ Tasse Rote Zwiebel; fein gehackt

- 3 reife Eiertomaten; entkernt und gehackt

- 1 rote Paprika; entkernt und gehackt

- 3 Frühlingszwiebeln; gehackt

- 1 Tasse Gehackter frischer Koriander

- 1 Limette; in Scheiben geschnitten, zum Garnieren

a)  Kreuzkümmel in den Limetten- und Orangensaft rühren und über die Jakobsmuscheln gießen.

b)  Gehackte Chilischote und rote Zwiebel unterrühren. Abdecken und mindestens 2 Stunden kühl stellen.

c)  Die Jakobsmuscheln kurz vor dem Servieren abtropfen lassen und mit den gehackten Tomaten, der Paprika, den

Frühlingszwiebeln und dem Koriander mischen. Mit den Limettenscheiben garnieren.

# 22. Ceviche Solero

Ausbeute: 1 Portion

- 1 Pfund Garnelen; gereinigt, geschält und geschnitten

- 1 Pfund Schnapperfilets; gehäutet und geschnitten

- 1 Esslöffel Olivenöl

- 1 Esslöffel frischer Orangensaft

- 1 Esslöffel weißer Essig

- $\frac{1}{2}$ Tasse frischer Limettensaft

- 1 Esslöffel Knoblauch; gehackt

- 1 Esslöffel rote Zwiebel; gehackt

- 4 Unzen gewürfelte rote Paprika (ca. 3/8 Tasse)

- 1 Jalapeño; gewürfelt

- 1 Prise Kreuzkümmel gemahlen

- 1 Teelöffel Salz

- 1 Esslöffel Gehackte Korianderblätter

- 2 Esslöffel Passionsfruchtpüree

a) Garnelen in kochendem Wasser 1 Minute garen, bis sie bedeckt sind. Abseihen und im Kühlschrank zugedeckt bis zum Abkühlen kühl stellen.

b) Schnapperwürfel, Öl, Orangensaft, Essig, Limettensaft, Knoblauch, Zwiebel, Paprika, Jalapeño, Kreuzkümmel, Salz, Koriander und Passionsfruchtpüree in einer großen Schüssel mischen. Garnelen hinzufügen; abdecken und mindestens 6 Stunden im Kühlschrank marinieren.

c) Auf Endivien- oder Salatstreifen servieren, garniert mit Paprikastreifen und Limettenscheiben.

# 23. Mango-Thunfisch-Ceviche

Ausbeute: 4 Portionen

**Zutat**

- $\frac{3}{4}$ Pfund Thunfischsteak

- $\frac{1}{2}$ Tasse Limettensaft

- $\frac{1}{2}$ Tasse (4 Unzen) Kokosmilch

- 2 Esslöffel Olivenöl

- Salz und Pfeffer

- 1 Tasse Kleine gewürfelte Mango

- 2 Esslöffel Kleine gewürfelte rote Paprika

- 2 Esslöffel Gehackter frischer Koriander

- 2 Esslöffel geröstete Kokosnuss

- 2 Esslöffel Gehackte Schalotten

- Korianderzweige zum Garnieren

a) Thunfisch klein würfeln, in eine Glasschüssel geben, mit Limettensaft und Kokosmilch bedecken. Abdecken und 4 Stunden kühl stellen.

b) Überschüssige Flüssigkeit abgießen und mit 1 Esslöffel Olivenöl sowie Salz und Pfeffer abschmecken. In einer anderen Schüssel Mango, Paprika, Koriander, Schalotten, Kokosnuss und das restliche Olivenöl mischen und würzen. Kombinieren Sie die restlichen Zutaten für den Genuss. Beginnen Sie mit dem Aufbau Ihres Parfaits. Geben Sie 1

Esslöffel des Relish auf den Boden jedes Glases. Top mit 2 Esslöffel Thunfisch.

## 24. Ceviche mit Jakobsmuscheln

Ausbeute: 4 Portionen

## Zutat

- 1 Pfund Jakobsmuscheln, frisch
- 1 Tasse Saft, Limette, zum Bedecken
- je 2 Knoblauch, Nelken, gehackt
- Je 1 Paprika, rote Glocke, entkernt, in Julienne geschnitten
- Je 2 Chilis, grün, süß, entkernt, in Julienne geschnitten
- ½ Bund Koriander, entstielt, grob gehackt
- 1 große Tomate, entkernt, gehackt
- Je 2 Chilis, Jalapeno
- ½ c Öl, Olive

a) Die Jakobsmuscheln dritteln und so schneiden, dass die Form erhalten bleibt und eine einheitliche Größe entsteht. Jakobsmuscheln in eine Schüssel geben, Limettensaft dazugeben und 1 Stunde marinieren.

b) Fügen Sie nach einer Stunde den Knoblauch, die rote Paprika und das süße grüne Chili hinzu. Gründlich mischen.

c) Koriander, Tomate und Jalapeno-Chilis zugeben. Olivenöl hinzufügen und gut vermischen.

# 25. Thunfisch-Carpaccio Sommer-Ceviche

Ausbeute: 6 Portionen

**Zutat**

- 1 Pfund Thunfisch in Sushi-Qualität

- 1 rote Zwiebel; fein gewürfelt

- ¼ Tasse frischer Mais; fein gewürfelt

- 1 Tasse Jicama; fein gewürfelt

- 1 Zitrone; entsaftet

- 1 Limette; entsaftet

- 1 Orange; entsaftet

- 1 Bund Schnittlauch

- ½ Tasse Wasabipulver

- 1 Tasse Wasser

a) Thunfisch in 6 gleiche Portionen schneiden, Wachspapier mit Öl bepinseln und das Papier zwischen jedes Stück Thunfisch legen. Mit einem Fleischerbeil auf die gewünschte Größe klopfen und dann im Eisfach abkühlen.

b) In einer mittelgroßen Schüssel das gesamte Gemüse und den gesamten Saft von Zitrone, Limette und Orange hinzufügen. Alles 10 Minuten mazerieren lassen. Flüssigkeit ablassen. Kühlplatten.

c) Nehmen Sie das Carpaccio aus dem Eisfach und ziehen Sie die oberste Schicht Wachspapier ab, drehen Sie den

Thunfisch auf den Teller und löffeln Sie das Ceviche gleichmäßig auf alle Teller.

d) Wasabi und Wasser mischen und in eine Spritzflasche geben. Darüber träufeln.

## 26. Wasabi-Ceviche-Snappersalat

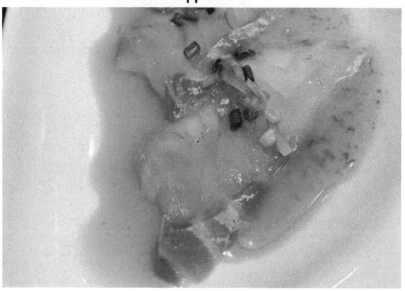

Ausbeute: 4 - 6

## Zutat

- 600 Gramm Rotbarschfilets, gewürfelt
- ¼ Tasse Namida Wasabi Wodka
- ½ Tasse Limettensaft
- 1 Limettenschale
- 2 Esslöffel Tabasco; oder nach Geschmack
- 1 Esslöffel Zucker
- 1 Teelöffel Salz
- 1 Tasse Tomatensaft
- 1 kleine rote Zwiebel; fein gehackt
- 2 Tomaten; entkernt, entkernt, gehackt
- 1 rote Paprika; entkernt, entkernt, geschnitten
- 2 Esslöffel Koriander

a) Mischen Sie die ersten sieben Elemente zusammen.

b) Abdecken und mindestens 1 Stunde kühl stellen.

c) Aufdecken und restliche Zutaten hinzufügen.

d) Mischen Sie alles gut zusammen.

e) In eine große Schüssel gießen.

f) Mit einer weiteren Schüssel mit Blattsalat und einer Schüssel Namida Wasabi Mayonnaise servieren.

# 27. Ceviche nach Yucatan-Art

Ausbeute: 6 Portionen

**Zutat**

- $1\frac{1}{2}$ Pfund feste weiße Fischfilets

- $\frac{3}{4}$ Pfund große Garnelen, 16-24 Count

- 1 große süße Zwiebel

- 3 bis 4 Habaneros, leicht geröstet

- 1 Tasse frischer Limettensaft

- $\frac{1}{2}$ Tasse frischer Orangensaft

a) Schneiden Sie den Fisch in $\frac{1}{4}$-Zoll-Scheiben; Entferne alle Knochen, während du gehst. Legen Sie den Fisch in eine Glas- oder glasierte Keramikschale, die groß genug ist, um ihn in einer Schicht zu halten.

b) Schälen und entdarmen Sie die Garnelen und spülen Sie sie nur bei Bedarf ab, um sie von Sand zu befreien. Die Garnelen der Länge nach halbieren oder mit Schmetterlingen versehen.

c) Garnelen über den Fisch schichten. Die Zwiebel längs halbieren, dann quer in dünne Scheiben schneiden.

d) Die Zwiebel über den Fisch und die Garnelen schichten.

e) Mit Gummihandschuhen die Habaneros entstielen, entkernen und zerkleinern und über die Zwiebeln streuen. Das Gericht mit Salz würzen und mit Limetten- und Orangensaft aufgießen.

f) Abdecken und 8 Stunden oder über Nacht im Kühlschrank marinieren oder bis der Fisch und die Garnelen undurchsichtig sind.

## 28. Ceviche vom Seeteufel mit Avocado

Serviert 6

## Zutat

- 500 g Seeteufelfilets
- Saft von 3 Limetten
- 1 mittelscharfe rote Chili, halbiert und entkernt
- 1 kleine rote Zwiebel
- 6 Strauchtomaten, gehäutet
- 3 Esslöffel natives Olivenöl extra
- 2 Esslöffel frisch gehackter Koriander
- 1 große reife, aber feste Avocado

a) Gießen Sie Seeteufel über den Limettensaft und achten Sie darauf, dass alle Fischscheiben vollständig mit Saft überzogen sind.

b) In der Zwischenzeit jede Chilihälfte in Scheiben schneiden, sodass sehr dünne, leicht gewellte Scheiben entstehen. Die Zwiebel vierteln und dann jeden Keil der Länge nach in dünne, bogenförmige Scheiben schneiden. Schneiden Sie jede Tomate in Viertel und entfernen Sie die Kerne. Schneiden Sie jedes Stück Fleisch der Länge nach in dünne, bogenförmige Scheiben.

c) Kurz vor dem Servieren den Seeteufel mit einer Schaumkelle aus dem Limettensaft heben und mit Chili, Zwiebel, Tomate, Olivenöl, einem Großteil des Korianders und etwas Salz nach Geschmack in eine große Schüssel geben. Leicht zusammen rühren.

d) Avocado halbieren, Stein entfernen und schälen. Jede Hälfte längs in dünne Scheiben schneiden. Ordnen Sie 3-4 Avocadoscheiben auf einer Seite jedes Tellers an. Die Ceviche auf die andere Seite stapeln und mit dem restlichen Koriander bestreuen. Sofort servieren.

## MITTAGESSEN

# 29. Light Bang Garnelenpaste

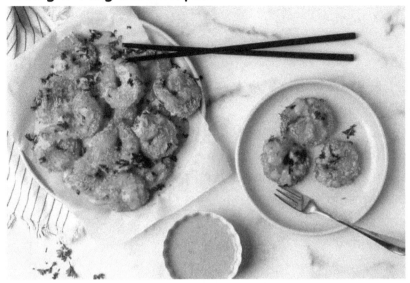

Portionsgröße: 4

Kochzeit: 10 Minuten

Zutaten:
**Für knusprige Brösel:**
- 1 EL Öl ohne Butter
- Frische Tassen oder Pfannkuchen
- 1/8 Teelöffel Kosarsalz
- 1/8 Teelöffel frischer schwarzer Pfeffer
- 1/8 Teelöffel Cayennepfeffer
- 1/8 Teelöffel Knoblauchpulver

**Für Garnelennudeln:**
- Kochspray
- ½ Tasse griechischer Joghurt Vollmilch
- 2 Esslöffel, asiatische Paprikasauce
- 1 Teelöffel Honig
- ¼ Teelöffel Knoblauchpulver
- 12 Unzen getrocknete Spaghetti
- 1 Tasse Garnelen ohne Haut und geschält
- 1 Teelöffel Kosarsalz, plus für Nudelsaft
- ¼ Teelöffel frischer schwarzer Pfeffer
- 1/8 Teelöffel Cayennepfeffer
- 2 Moderierte Zwiebel, geschnitten, geschnitten

**Richtungen:**
**Machen Sie knusprige Krümel:**

a) In einer großen Pfanne bei mittlerer Hitze die Butter schmelzen. Krümel, Salz, schwarzen Pfeffer, Cayennepfeffer und Knoblauchpulver hinzufügen. Unter ständigem Rühren kochen, bis sie goldbraun, knusprig und duftend sind. Es dauert 4 - 5 Minuten, dann legen Sie es beiseite.

b) Ordnen Sie ein Regal in der Mitte des Ofens an und erwärmen Sie es auf 400 Grad Fahrenheit. Mit einem leicht gekochten Backblech mit Kochspray abdecken. Leg es zur Seite

c) Einen großen Topf mit Salzwasser zum Kochen bringen. In der Zwischenzeit Joghurt, Poivrade, Honig, Knoblauchpulver und die Hälfte des Safts in einer kleinen Schüssel zerkleinern. Leg es zur Seite

d) Wenn das Wasser kocht, fügen Sie die Nudeln hinzu und kochen Sie die Nudeln für bis zu 10 Minuten oder wie angegeben. Trocknen Sie die Garnelen und legen Sie sie auf ein Fertigkochblech. Mit Salz, schwarzem Pfeffer und gelegentlich würzen und zum Kochen mischen. Es erstreckt sich in einer gleichmäßigen Schicht. Einmal braten, bis die Garnelen matt und rosa sind, 6 bis 8 Minuten lang. Gießen Sie den restlichen Saft über die Garnelen und gießen Sie sie darüber und gießen Sie die aromatisierten Stücke auf das Backblech.

e) Überschüssiges Wasser aus den Nudeln entfernen und zurück in den Topf geben. In die Joghurtsauce gießen und servieren, bis alles gut gekocht ist. Legen Sie die Garnelen und die zusätzlichen Säfte mit der Hälfte der Zwiebel auf das Backblech und fügen Sie sie leicht wieder hinzu. Jede Portion großzügig mit einem knusprigen Krümel und der restlichen Zwiebel bestreuen. Sofort servieren.

# 30. Süßer und geräucherter Lachs

Portionsgröße: 8

## Zutaten:

- 2 Esslöffel hellbrauner Zucker
- 2 Esslöffel geräucherte Paprika
- 1 Esslöffel abgeriebene Zitronenschale
- Sare Kosar
- Frisch gehackter schwarzer Pfeffer Lachsfilets auf der Haut 1/2 Kilogramm

## Richtungen:

a) Weichen Sie einen Teller 1 bis 2 Stunden in Wasser ein. Es wird bei mittlerer Hitze erhitzt. Kombinieren Sie Zucker, Pfeffer, Zitronenschale und 1/2 Teelöffel Salz und Pfeffer in einer Schüssel.

b) Mischen Sie den Lachs mit dem Salz und reiben Sie die Gewürzmischung zusammen Teile des Fleisches.

c) Legen Sie den Lachs auf die nasse Platte, mit der Haut nach unten in den Ofen, bedeckt, innerhalb der gewünschten Farbe, 25 bis 28 Minuten für mittlere Hitze.

# 31. Knoblauchgarnelen mit leichter Zitrone

Portionsgröße: 4

## Zutaten:
- 1 1/2 Kilogramm große Garnelen
- 4-6 Esslöffel Butter
- 3 Teelöffel gehackter Knoblauch
- 1/2 Teelöffel Mischung aus getrockneten italienischen Pflanzen 1 Esslöffel frisch gehackte Petersilie 1 Zitronensaft

## Richtungen:
a) Garnelen trocknen und mit einem Handtuch schlagen. In einem großen Fisch 4 Esslöffel Butter bei mittlerer Hitze schmelzen.
b) Fügen Sie den Knoblauch und die getrockneten Kräuter hinzu und mischen Sie für 1 Minute oder bis der Knoblauch goldgelb ist.
c) Fügen Sie die Garnelen hinzu, bevor Sie sie 4-6 Minuten kochen, gelegentlich umrühren, bis sie rosa und heiß sind, und mischen Sie dann Petersilie oder Melone und Saft nach Geschmack (ein Löffel kann ein guter Anfang sein).
d) Sofort servieren.

## 32. Tilapia mit Parmesanschale

Portionsgröße: 2

## Zutaten:

- 2 Tilapiafilets
- 100 Gramm Parmesan, fein gehackt
- 40 Gramm Brotmehl
- 1 Petersilie, fein gehackt
- 1/2 Teelöffel schwarzer Pfeffer
- 3 Esslöffel Olivenöl
- 1 Zitrone

## Richtungen:

a) Beginnen Sie damit, den Ofen auf 200 ° C vorzuheizen.

b) Mischen Sie in einer Schüssel die fein gehackten Semmelbrösel, Pfeffer, schwarzen Pfeffer und Petersilie. Die Mischung auf einem übergroßen, flachen Backblech verteilen und beiseite stellen.

c) In einem kleinen Glas die Zitrone und das Pflanzenöl mischen, etwa die Hälfte der Pflanzenölmischung nehmen und 1 Tilapiafilet auf jeder Seite einreiben, dann in die Parmesanmischung tauchen und das ganze Filet bedecken. Wiederholen Sie diesen Vorgang dann mit dem zweiten Füller und lassen Sie wenig Öl übrig.

d) Nachdem Sie beide Tilapia-Blätter bedeckt haben, suchen Sie nach Stellen, an denen die Schale möglicherweise nicht haftet, und gießen Sie etwas zusätzliches Öl ein, gefolgt vom Bestreuen mit Parmesan-Mischung.

e) Legen Sie beide Tilapia-Scheiben in den Ofen und lassen Sie sie etwa 20 Minuten köcheln. Wenn die Rinde goldbraun wird und der Tilapia daher weiß und voll wird, ist der Tilapia fertig.

f) Servieren und genießen.

## 33. Filets von gebratenen Sardinen mit Toast

Portionsgröße: 2

## Zutaten:

- 12 Filets von frischen Sardinen, gereinigt und gewässert
- 3 Esslöffel Olivenöl
- 2 Esslöffel Zitronensaft
- 1/2 Teelöffel Salz
- 2 gehackte Knoblauchzehen
- 1/2 rote Chilis, gehackt
- 1/2 Teelöffel frische Petersilie, fast zerdrückt

## Richtungen:

a)  Beginnen Sie mit 1 Teelöffel Pflanzenöl und 1 Esslöffel Saft und mischen Sie. Dann jedes Sardinenfilet mit dieser Mischung bestreichen und mit Salz bestreuen.

b)  Dann einen übergroßen Topf auf mittlere Hitze stellen und 1 Esslöffel Pflanzenöl in den Topf geben. Wenn es heiß ist, fügen Sie Knoblauch und Pfeffer hinzu und braten Sie es zwei Minuten lang an.

c)  Legen Sie die Sardinenfilets nahe der Haut in den Topf und kochen Sie sie etwa 3 Minuten lang, bis sie leicht weiß und durchscheinend sind. Braten Sie zur gleichen Zeit das Brot.

d)  Gießen Sie das gebratene Brot und legen Sie 3 Scheiben Sardine auf jede Scheibe. Verwenden Sie Pflanzenöl und Saft, um die Sardinen zu schmelzen, dann mit Petersilie bestreuen und servieren!

## 34. Gebratene Honig-Sesam-Garnelen

Portionsgröße: 4

**Zutaten:**
- ¼ Tasse Honig
- 2 Teelöffel gehackter Knoblauch
- 2 Teelöffel geriebener frischer Ingwer
- 1 Teelöffel Sesamöl
- Meersalz, zum Würzen
- Frisch gemahlener schwarzer Pfeffer zum Würzen 1 Pfund Garnelen, geschält und entdarmt 1 Frühlingszwiebel, schräg in dünne Scheiben geschnitten

**Richtungen:**
a) Ofen auf 450°F vorheizen. Eine große Auflaufform mit Pergamentpapier auslegen und beiseite stellen.
b) In einer mittelgroßen Schüssel Honig, Knoblauch, Ingwer und Pflanzenöl verrühren.
c) Die Mischung mit Gewürzen abschmecken.
d) Die Garnelen in die große Schüssel geben und zum Überziehen schwenken.
e) Verteilen Sie die Garnelen gleichmäßig in der vorbereiteten Auflaufform.
f) Backen, um die Garnelen durch und leicht karamellisiert zu garen, dabei einmal wenden, insgesamt etwa 10 Minuten.
g) Mit der Frühlingszwiebel garniert servieren.

# 35. Cajun-Fisch und Garnelen kochen

Portionsgröße: 4

## Zutats

- 4 (4-Unzen) Welsfilets, jeweils in 2 Stücke geschnitten
- ½ Pfund Garnelen, geschält und entdarmt
- 1 Esslöffel Cajun-Gewürz
- 4 Rotkartoffeln, in Achtel geschnitten
- 2 Maiskolben, in 4 Stücke geschnitten - auf dem Kolben ½ Tasse Wasser
- Meersalz, zum Würzen
- Frisch gemahlener schwarzer Pfeffer zum Würzen

## Richtungen:

a) Ofen auf 400°F vorheizen. Bereiten Sie 4 Stücke Aluminiumfolie vor, jedes 12 Zoll im Quadrat mit den Seiten nach oben, um eine grobe Schüssel zu bilden, und legen Sie sie beiseite.

b) Wels, Garnelen und Cajun-Gewürz in einer mittelgroßen Schüssel gut vermengen.

c) Die Kartoffeln und den Mais auf die Folienstücke verteilen und mit dem Wels und den Garnelen garnieren.

d) Fisch und Gemüse mit Wasser beträufeln und leicht mit Salz und Pfeffer würzen.

e) Die Folie zu dicht verschlossenen Päckchen zusammenfalten und auf ein Backblech legen.

f) 20 bis 25 Minuten backen, bis der Fisch beim Drücken mit einer Gabel abblättert und somit das Gemüse weich ist.

# 36. Forelle-Koriander-Pakete

Portionsgröße: 4

## Zutats
- 4 Tassen Blumenkohlröschen
- 2 dünn geschnittene und entkernte rote Paprika
- 2 Tassen Kaiserschoten, aufgereiht
- 4 (5-Unzen) Forellenfilets
- Meersalz, zum Würzen
- Frisch gemahlener schwarzer Pfeffer, zum Würzen 2 EL Olivenöl
- 2 Esslöffel fein gehackter Koriander

## Richtungen:
a)  Ofen auf 400°F vorheizen. Bereiten Sie 4 Stück Aluminiumfolie vor, jedes 12 Zoll im Quadrat.
b)  Blumenkohl, Paprika und Kaiserschoten gleichmäßig auf die Alufolie verteilen.
c)  Die Forellenfilets in trockene Küchentücher tupfen und mit Salz und Pfeffer würzen.
d)  Auf jedes Folienquadrat ein Filet legen und das Pflanzenöl über den Fisch träufeln.
e)  Die Folie zu dicht verschlossenen Päckchen zusammenfalten und auf ein Backblech legen.
f)  Backen, bis der Fisch beim Drücken mit einer Gabel abblättert, etwa 20 Minuten.
g)  Mit Koriander bestreut servieren.

# 37. Asiatisch beeinflusste Lachspastetchen

Portionsgröße: 4

## Zutaten
- 12 Unzen Dosenlachs, abgetropft
- 1½ Tassen Panko-Semmelbrösel
- 2 große Eier
- ¼ süße Zwiebel, gehackt
- 1 Teelöffel gehackter Knoblauch
- 1 Teelöffel geriebener frischer Ingwer
- 2 Esslöffel Olivenöl
- ¼ Tasse zubereitete Teriyaki-Sauce

## Richtungen:
a) Ofen auf 400°F vorheizen. Ein großes Backblech mit Backpapier auslegen und beiseite stellen.
b) Mischen Sie in einer großen Schüssel Lachs, Panko-Semmelbrösel, Eier, Zwiebel, Knoblauch und Ingwer, bis alles gut vermischt ist und beim Drücken zusammenhält.
c) Aus der Lachsmischung 8 gleichgroße Frikadellen formen und zum Anrichten 1 Stunde im Kühlschrank kalt stellen.
d) In einer großen Pfanne das Pflanzenöl bei mittlerer Hitze erhitzen.
e) Braten Sie die Patties auf jeder Seite an und wenden Sie sie einmal, insgesamt etwa 10 Minuten.
f) Legen Sie sie auf das fertige Backblech und bestreichen Sie sie jeweils großzügig mit der Teriyaki-Sauce.
g) Backen, bis sie vollständig erhitzt und leicht karamellisiert sind, etwa eine Viertelstunde.

# 38. Knuspriger Kokosnuss-Lachs

Portionsgröße: 4

## Zutats
- 4 (4-Unzen) knochenlose, hautlose Lachsfilets
- Meersalz, zum Würzen
- Frisch gemahlener schwarzer Pfeffer zum Würzen
- $\frac{1}{2}$ Tasse Kokosmilch
- 1 Tasse geriebene ungesüßte Kokosnuss
- 1 Esslöffel Olivenöl
- 1 Esslöffel fein gehackter frischer Koriander

## Richtungen:
a) Ofen auf 400°F vorheizen.

b) Mit einem Backpapier das Backblech auslegen und beiseite stellen.

c) Die Lachsfilets mit Küchenpapier trocken tupfen und leicht mit Salz und Pfeffer würzen.

d) Geben Sie die Kokosmilch in eine große Schüssel und die geraspelte Kokosnuss in eine weitere mittelgroße Schüssel.

e) Tauchen Sie die Filets in die Kokosmilch und drücken Sie dann den Fisch in die Kokosraspeln, sodass jede Seite jedes Stücks bedeckt ist.

f) Die Filets auf das vorbereitete Backblech legen und mit Pflanzenöl beträufeln.

g) Backen Sie den Lachs 12 bis 15 Minuten lang, bis der Belag golden ist und der Fisch daher leicht mit einer Gabel abblättert.

h) Mit Koriander bestreut servieren.

## 39. Gebackener Lachs mit Grünkohl und Paprika

Portionsgröße: 4

## Zutats
- 4 (5-Unzen) Lachsfilets
- Meersalz, zum Würzen
- Frisch gemahlener schwarzer Pfeffer zum Würzen
- 3 Esslöffel Olivenöl, geteilt
- 3 Paprika, rot, gelb und orange, entkernt und in Streifen geschnitten
- 4 Tassen Babykohlblätter, gewaschen
- $\frac{1}{2}$ Tasse ganze sonnengetrocknete Tomaten
- 4 Knoblauchzehen, in dünne Scheiben geschnitten
- 2 Esslöffel fein gehackter frischer Basilikum

## Richtungen:
a) Zuerst den Ofen auf 400 ° F vorheizen. Das Backblech mit Backpapier auslegen und dann beiseite stellen.

b) Anschließend die Lachsfilets mit Küchenpapier trocken tupfen und entsprechend leicht würzen

c) In einer mittelgroßen Schüssel 2 Esslöffel Pflanzenöl mit Paprika, Grünkohl, sonnengetrockneten Tomaten und Knoblauch vermengen.

d) Legen Sie das Gemüse auf das Backblech und verteilen Sie es gleichmäßig auf zwei Drittel des Blechs.

e) Die Filets auf das leere Drittel des Backblechs legen und mit 1 EL restlichem Pflanzenöl beträufeln.

f) 15 bis 20 Minuten backen, bis der Fisch mit einer Gabel zart abblättert.

g) Lachs und Gemüse mit Basilikum garniert servieren.

# 40. gebackener Lachs

Portionsgröße: 2

## Zutaten:

- 2 Lachsfilets (gefroren oder frisch) Olivenöl
- 1 Zitrone
- Salatdressing oder Vinaigrette
- Gewürze, Kräuter, Gewürze für Ihren Geschmack auf Lachs

## Richtungen:

a) Ofen vorheizen auf 350 Grad.

b) Backblech mit Backpapier auslegen.

c) Geben Sie einen Spritzer Pflanzenöl auf das Blech.

d) Lachs mit der Hautseite nach unten auf das Blech legen.

e) Zitrone in Scheiben schneiden und auf den Fisch legen.

f) Fisch mit Dressing, Gewürzen, Kräutern und Gewürzen Ihrer Wahl beträufeln.

g) 20-25 Minuten backen und servieren.

# 41. Gebratener Hering in Haferkruste

Portionsgröße: 2

## Zutaten
- $\frac{1}{2}$ Pfund Heringsfilets
- $1\frac{1}{2}$ Tassen Hafer
- 1 Teelöffel Salz
- $\frac{1}{2}$ Tasse Dijon-Senf
- $\frac{1}{2}$ Tasse Sahne
- Antihaft-Speiseölspray

## Richtungen:
a) Das Fischfilet in trockenen Küchentüchern abspülen und trocken tupfen, dann gut salzen.

b) Sahne und Senf in eine flache Schüssel geben und gut verrühren.

c) Den gewürzten Hering dazugeben und schwenken, bis er bedeckt ist. 10 Minuten bei Raumtemperatur stehen lassen.

d) Schalten Sie in der Zwischenzeit die Heißluftfritteuse ein und fetten Sie den Fritteusenkorb mit Öl ein. Setzen Sie es in die Fritteuse ein und schließen Sie die Abdeckung. Wählen Sie die Kochtemperatur bis zu 400 Grad F und heizen Sie vor.

e) Haferflocken in eine Küchenmaschine geben. Starten Sie die Küchenmaschine, bis die Mischung wie Mehl aussieht, und geben Sie sie dann in eine flache Schüssel.

f) Die Filets in der Hafermischung ausbaggern, bis sie gut bedeckt sind, und dann in einer einzigen Schicht anrichten und dann in den Friteusenkorb legen.

g) Sprühen Sie Öl über die Filets und schließen Sie die Abdeckung. 12 Minuten backen, bis sie goldbraun und knusprig sind, nach der Hälfte wenden und mit Öl besprühen.

h) Sofort servieren.

# 42. Karibischer gebratener geräucherter Hering

Portionsgröße: 3

**Zutaten:**
- 8 Unzen geräucherte Heringsfilets
- ½ Tasse gewürfelte weiße Zwiebeln
- 1 Peperoni, gehackt
- ½ Tasse gewürfelte Tomaten
- 2 dünn geschnittene Frühlingszwiebeln – weiße und grüne Teile getrennt ½ Teelöffel gehackter Knoblauch
- 2 Esslöffel Olivenöl
- 1 Esslöffel gehackter Thymian
- ½ Esslöffel Zitronensaft
- Wasser nach Bedarf

**Richtungen:**
a) Verwenden Sie einen mittelgroßen Topf und stellen Sie ihn auf mittlere bis hohe Hitze. Heringsfilets dazugeben und mit Wasser bedecken.
b) Zum Kochen bringen. Lassen Sie den Fisch 5 Minuten kochen, lassen Sie dann das Wasser vollständig ab und stellen Sie ihn beiseite, bis Sie ihn brauchen.
c) Den Fisch etwas abkühlen lassen, dann in kleine Stücke schneiden und beiseite stellen.
d) Holen Sie sich eine große Pfanne, stellen Sie sie auf mittlere Hitze und fügen Sie Öl hinzu.
e) Zwiebel zugeben, schwenken, bis sie mit Öl überzogen ist. Dann 5 Minuten kochen, bis die Zwiebeln weich geworden sind.

f) Fügen Sie Knoblauch, Tomaten, Thymian und Peperoni hinzu. Rühren, bis alles vermischt ist, und dann 1 Minute weiterkochen.

g) Den abgetropften Hering in die Pfanne geben und schwenken, bis alles gut vermischt ist. Etwa 5 Minuten kochen. Frühlingszwiebeln und Zitronensaft unterrühren.

h) Die Pfanne vom Herd nehmen und sofort servieren.

# 43. Hummerschwänze

Portionsgröße: 2

## Zutaten
- 2 Hummerschwänze
- 1 Teelöffel Meersalz
- 1 Teelöffel Knoblauchpulver
- $\frac{1}{2}$ Teelöffel gemahlener weißer Pfeffer
- 1 Teelöffel geräucherter Paprika
- 1 $\frac{1}{2}$ Esslöffel Butter, ungesalzen, geteilt
- 1 Tasse Wasser
- $\frac{1}{4}$ Tasse geschmolzene Butter, ungesalzen

## Richtungen:
a) Schalten Sie den 4-Liter-Instant-Topf ein und füllen Sie den Innentopf mit Wasser. Setzen Sie einen Untersetzer ein.

b) Legen Sie einen Hummerschwanz auf ein Backblech und schneiden Sie dann die Oberseite der Schwanzschale mit einer Küchenschere bis zur Spitze ab.

c) Entferne Körner oder Adern vom Hummerschwanz. Ziehen Sie die Schale nach unten, sodass das Fleisch auf der Krabbenschale zu sehen ist. Schieben Sie eine Zitronenscheibe zwischen den Schwanz und das Fleisch des Hummers. Machen Sie dasselbe mit dem anderen Hummerschwanz.

d) Salz in eine kleine Schüssel geben. Fügen Sie Knoblauchpulver, weißen Pfeffer und Paprika hinzu. Rühren, bis alles gut vermischt ist, und dann die Mischung auf das Fleisch streuen.

e) Das Fleisch mit kleinen Butterstückchen belegen und die Krabbenschwänze auf dem Untersetzer anordnen. Schließen Sie den Deckel des Instant-Topfes fest.

f) Drücken Sie die manuelle Taste und wählen Sie die Hochdruckeinstellung. 1 Minute kochen. Der Instant-Topf benötigt etwa 5 bis 10 Minuten, um Druck aufzubauen, und dann startet der Kochtimer.

g) Wenn der Instant-Topf piept, lassen Sie schnell den Druck ab und öffnen Sie den Instant-Topf. Lassen Sie den Hummerschwanz 10 Minuten im Instant-Topf ruhen.

h) Legen Sie den Hummerschwanz auf eine Servierplatte und servieren Sie ihn dann mit geschmolzener Butter.

# 44. Marinierte Makrele

Portionsgröße: 4

## Zutaten

- 4 Makrelenfilets mit Haut, jeweils etwa 4 bis 6 Unzen
- 1 Teelöffel Salz
- 1 Teelöffel gemahlener schwarzer Pfeffer
- Antihaft-Speiseölspray

**Für die Marinade:**

- $\frac{1}{2}$ Esslöffel geriebener Ingwer
- $\frac{1}{2}$ Esslöffel gehackter Knoblauch
- 3 Esslöffel Sojasauce
- 2 Esslöffel Olivenöl
- 1 Zitrone, entsaftet

## Richtungen:

a) Geben Sie alle zu marinierenden Zutaten in eine große Schüssel. Rühren, bis alles gut vermischt ist.

b) Makrelenfilets hinzufügen und schwenken, bis sie bedeckt sind. Decken Sie die Schüssel ab und lassen Sie den Fisch mindestens 20 Minuten marinieren.

c) Holen Sie sich eine Grillpfanne. Mit Öl einfetten und bei mittlerer Hitze erhitzen.

d) Die marinierten Fischfilets mit der Hautseite nach oben auf die Grillpfanne legen und 5 Minuten garen.

e) Die Fischfilets wenden und mit der restlichen Marinade beträufeln. Mit Salz und schwarzem Pfeffer würzen. 5 bis 7 Minuten weiter garen, bis die Filets durchgegart sind.

f) Sofort servieren oder mit gekochtem Reis servieren.

## 45. Makrelen-Fischbraten

Portionsgröße: 5

## Zutaten

- 5 ganze Makrelenfische, ausgenommen, geputzt
- 1 Zitrone, in Spalten geschnitten
- Antihaft-Speiseölspray

**Für die Marinade:**

- 1 Teelöffel gehackter Knoblauch
- $\frac{1}{2}$ Teelöffel geriebener Ingwer
- 3 Zweige Curryblätter, gehackt
- 1 Esslöffel rotes Chilipulver
- 1 Teelöffel Salz
- 1 Teelöffel rote Chiliflocken
- $\frac{1}{2}$ Teelöffel Kurkumapulver
- $\frac{1}{2}$ Teelöffel Essig
- 3 Esslöffel Olivenöl, geschmolzen

## Richtungen:

a) Bereiten Sie den Fisch vor. Entfernen Sie das Innere, spülen Sie es gut aus, bis es sauber ist, und tupfen Sie es trocken. Bereiten Sie 3 bis 4 kleine Schnitte auf jedem Fisch vor.

b) Alle zu marinierenden Zutaten in eine kleine Schüssel geben und gut verrühren.

c) Reiben Sie die Marinade auf allen Seiten jedes Fisches. Stellen Sie sicher, dass es in den Schnitt geht und der Fisch gleichmäßig gewürzt ist. Den Fisch mindestens 20 Minuten im Kühlschrank marinieren.

d) Wenn Sie zum Kochen bereit sind, schalten Sie die Heißluftfritteuse ein und fetten Sie den Frittierkorb mit Öl ein. Setzen Sie es in die Fritteuse ein und schließen Sie die

Abdeckung. Wählen Sie die Kochtemperatur bis zu 400 Grad F und heizen Sie vor.

e) Ordnen Sie den marinierten Fisch in einer einzigen Schicht an und legen Sie ihn in den Fritteusenkorb. Stellen Sie die Bratzeit auf 12 Minuten ein und lassen Sie es dann kochen, bis die Gabel weich ist.

f) Wenn Sie fertig sind, legen Sie den Fisch auf einen Teller und servieren Sie ihn mit Zitronenschnitzen.

# 46. Meeräsche mit Zitronen- und Kapernsauce

Portionsgröße: 4

## Zutaten

- 8 Meeräschenfilets mit Haut, jeweils etwa 4 Unzen
- 4 Teelöffel Salz
- 4 Teelöffel gemahlener schwarzer Pfeffer
- $\frac{1}{4}$ Tasse Olivenöl

**Für die Zitronen-Kapern-Sauce:**

- 2 Schalotten, geschält, gewürfelt
- 2 Zitronen, entsaftet
- 2 Esslöffel Kapern, gespült
- 1/3 Tasse Olivenöl
- 2 Esslöffel Petersilienblätter, gehackt

## Richtungen:

a) Schalten Sie die Heißluftfritteuse ein und fetten Sie den Frittierkorb mit Öl ein. Setzen Sie es in die Fritteuse ein und schließen Sie die Abdeckung. Wählen Sie die Kochtemperatur bis zu 400 Grad F und heizen Sie vor.

b) Bereiten Sie das Filet vor. Die Filets mit Öl bestreichen und dann mit Salz und schwarzem Pfeffer würzen.

c) Ordnen Sie die vorbereiteten Filets in einer einzigen Schicht an. In den Frittierkorb geben und die Frittierzeit auf 10 Minuten einstellen. Lassen Sie es kochen, bis es gabelweich ist, drehen Sie es halb um und besprühen Sie es mit Öl.

d) Während der Fisch noch gebraten wird, die Sauce in einer mittelgroßen Schüssel zubereiten. Geben Sie jede Zutat hinzu und rühren Sie um, bis alles gut vermischt ist, und stellen Sie es dann beiseite.

e) Die Filets auf vier Teller verteilen, mit der vorbereiteten Zitrone und der Kapernsauce beträufeln. Mit grünem Salat servieren.

# ABENDESSEN

# 47. Lachs Teriyaki

Portionsgröße: 4

## Zutaten:

- $\frac{1}{2}$ Tasse Sake
- $\frac{1}{4}$ Tasse Mirin
- $\frac{1}{4}$ Tasse Sojasauce
- $\frac{1}{2}$ Teelöffel geriebener, geschälter frischer Ingwer
- 4 (3-Unzen) Lachsfilets, Haut und Stiftknochen entfernt, koscheres Salz
- Frisch gemahlener schwarzer Pfeffer
- 2 Esslöffel Pflanzenöl oder Rapsöl
- $1\frac{1}{2}$ Tassen gekochter weißer Reis zum Servieren
- 1 Teelöffel geröstete Sesamsamen zum Garnieren
- 1 Frühlingszwiebel, in dünne Scheiben geschnitten, zum Garnieren (weißer und grüner Teil)

## Richtungen:

a) In einer großen Schüssel Sake, Mirin, Sojasauce und Ingwer verquirlen. Beiseite legen.

b) Den Lachs auf beiden Seiten entsprechend würzen.

c) Erhitzen Sie eine große Pfanne mit Antihaftbeschichtung bei mittlerer bis hoher Hitze. Fügen Sie das Pflanzenöl hinzu und schwenken Sie es, um die Pfanne zu beschichten. Wenn sich schimmernde Wellenlinien durch das Öl ziehen, legen Sie den Lachs mit der Hautseite nach unten in die Pfanne und braten Sie ihn 6 Minuten lang an. Kippen Sie die Pfanne gelegentlich, um das Öl neu zu verteilen, während der Lachs gart. Drehen Sie den Lachs vorsichtig um und braten Sie die andere Seite 2 Minuten lang. Fügen Sie bei Bedarf zusätzliches Öl hinzu, 1 Teelöffel auf einmal.

d) Legen Sie den Lachs auf einen sauberen Teller und wischen Sie das Öl mit einem Papiertuch aus der Pfanne. Die vorbereitete Sauce in die Pfanne geben und bei mittlerer Hitze zum Kochen bringen. Kochen, bis die Sauce um ein Drittel reduziert ist, etwa 3 Minuten.

e) Legen Sie den Lachs mit der Hautseite nach oben zurück in die Pfanne und löffeln Sie die reduzierte Sauce darüber. Kochen Sie weitere 2 Minuten, bis ein sofort ablesbares Thermometer, das in den dicksten Teil des Fisches eingeführt wird, 125 ° F anzeigt. Das Fruchtfleisch sollte sich in ein undurchsichtiges Rosa verwandeln und, wenn es mit einer Gabel abgeblättert wird, zur Mitte hin ein weicheres, leicht durchscheinendes Rosa zeigen.

f) Den Reis auf vier Teller verteilen. Den Lachs darauf legen. Die überschüssige Sauce aus der Pfanne über den Lachs und den Reis geben. Mit Sesam und Frühlingszwiebeln garnieren und servieren.

## 48. Würziger Thunfisch-Stoß

Portionsgröße: 4

## Zutaten:

- 1½ Esslöffel Sojasauce
- 2 Teelöffel Sesamöl
- 1 Teelöffel Honig
- 1 Teelöffel Sriracha
- 12 Unzen roher Ahi-Thunfisch in Sushi-Qualität, in ½-Zoll-Würfel geschnitten
- 3 dünn geschnittene Frühlingszwiebeln - (weiße und grüne Teile)
- Koscheres Salz
- Frisch gemahlener schwarzer Pfeffer
- 1 Esslöffel Furikake

## Richtungen:

a) In einer großen Schüssel Sojasauce, Sesamöl, Honig und Sriracha verquirlen.

b) Thunfisch und Frühlingszwiebeln unterheben, dann mit Salz und Pfeffer würzen. In eine gekühlte Servierschüssel geben und den Furikake darüber streuen. Sofort servieren.

# 49. In Öl pochierter Thunfisch

Portionsgröße: 4

## Zutaten:

- 3 Tassen natives Olivenöl extra
- 4 große Knoblauchzehen, zerdrückt
- 2 Streifen Zitronenschale
- 1 frisches Lorbeerblatt
- Rote Paprikaflocken pürieren
- 4 (5-Unzen) Thunfischfilets
- Koscheres Salz
- Prise frisch gemahlener schwarzer Pfeffer

## Richtungen:

a) In einem flachen Topf, der breit genug für die Thunfischfilets ist, Öl, Knoblauch, Zitronenschale, Lorbeerblatt und Paprikaflocken bei mittlerer bis niedriger Hitze erhitzen, bis der Knoblauch leicht zu brutzeln beginnt.

b) Beide Seiten des Thunfischs entsprechend würzen. Den Thunfisch mit einem Schaumlöffel in das Öl geben. Fügen Sie mehr Öl hinzu, wenn der Fisch nicht mindestens 1,25 cm vollständig untergetaucht ist.

c) Garen, bis der Thunfisch undurchsichtig ist, etwa 9 Minuten, dabei die Filets nach der Hälfte der Garzeit wenden. Wenn der Thunfisch in der Mitte leicht rosa ist, ist das in Ordnung; medium-rare Thunfisch hat eine tolle Textur.

d) Verwenden Sie einen geeigneten Löffel, um den Thunfisch auf einen mit Papiertüchern ausgelegten Teller zu geben. Lassen Sie den Thunfisch vor dem Servieren etwas abkühlen.

## 50. Thunfisch-Tomaten-Frittata

Portionsgröße: 6

**Zutaten:**
- 1 Esslöffel fein gehackte Schalotte
- 3 Esslöffel natives Olivenöl extra
- Koscheres Salz
- Frisch gemahlener schwarzer Pfeffer
- 1 (6 Unzen) Dose ölverpackter Thunfisch, abgetropft
- 1 Tasse gekochte Lorbeergarnelen
- 2 Esslöffel ungesalzene Butter
- 7 große Eier, geschlagen
- 1 Tasse Traubentomaten, halbiert
- 2 Esslöffel glatte Petersilie, grob gehackt

**Richtungen:**
a) Zuerst den Ofen auf 400 ° F vorheizen.
b) In einer großen beschichteten Pfanne bei mittlerer Hitze die Schalotte in Olivenöl anschwitzen und leicht mit Salz und Pfeffer würzen.
c) Etwa 3 Minuten anbraten, bis die Schalotte weich und durchscheinend ist. Thunfisch und Garnelen hinzugeben und 1 weitere Minute anbraten, dabei den Thunfisch vorsichtig in Flocken zerkleinern.
d) Butter schmelzen lassen und die Eier hineingießen. Nochmals leicht salzen und pfeffern. Bewegen Sie die Eier, den Thunfisch und die Garnelen mit einem hitzebeständigen Silikonspatel vorsichtig in der Pfanne herum, bis die Eier fast flüssig sind, etwa 8 Minuten lang.
e) Die Tomaten über die Eier streuen und die Pfanne in den Ofen schieben. 10 Minuten backen oder bis die Eier fest

sind und sich fest anfühlen. Beiseite stellen und ca. 5
Minuten abkühlen lassen, dann mit Petersilie garnieren.

f) Führen Sie den Pfannenwender um die Ränder der Pfanne
herum und schieben Sie die Frittata vorsichtig auf einen
vorgewärmten Teller. Die Frittata in große Stücke
schneiden und heiß servieren.

# 51. Würzige Thai-Kokos-Garnelen-Suppe

Portionsgröße: 4

## Zutaten:

- 2 Esslöffel Kokosöl
- 2 Stangen Zitronengras, bis auf den Kern geschält, plattgedrückt und fein gehackt
- 3 Knoblauchzehen, fein gehackt
- 1-Zoll-Stück frischer Ingwer, fein gehackt
- 1 große rote Paprika – in Würfel geschnitten Prise koscheres Salz
- 2 Esslöffel rote Currypaste
- 1 (13½ Unzen) Dose Kokosmilch
- Limettenschale
- Limettensaft
- 1 Esslöffel brauner Zucker
- 1 Tasse Wasser
- 1 Pfund mittelgroße Garnelen (41–50 Garnelen pro Pfund), geschält und entdarmt
- 1 Esslöffel Fischsauce
- 1 Limette in 4 Spalten geschnitten, zum Servieren
- 2 Esslöffel grob gehackter Koriander, geteilt
- 2 Tassen gekochter weißer Reis
- In Scheiben geschnittene Frühlingszwiebeln zum Garnieren

## Richtungen:

a) In einem großen Topf oder Schmortopf das Kokosöl bei mittlerer Hitze schmelzen. Braten Sie das Zitronengras, den Knoblauch und den Ingwer 2 bis 3 Minuten an, bis sie duften.

b) Fügen Sie die Paprika hinzu. Kochen Sie für weitere 3 Minuten oder bis sie weich sind. Fügen Sie das Salz hinzu. Möglicherweise müssen Sie die Hitze herunterdrehen, damit die Aromastoffe nicht verbrennen. Fügen Sie die Currypaste hinzu, bevor Sie sie schnell anbraten, und mischen Sie sie mit dem Gemüse, etwa 1 Minute lang.

c) Fügen Sie Kokosmilch, Limettenschale, Limettensaft und braunen Zucker hinzu und rühren Sie 1 Tasse Wasser in den Topf. Die Hitze auf mittel-niedrig regulieren und unter gelegentlichem Rühren etwa 5 Minuten köcheln lassen.

d) Die Garnelen mit der Fischsauce (falls verwendet, oder mit einer Prise Salz) würzen und in die Suppe geben. 12 Minuten köcheln lassen oder bis die Garnelen rosa und undurchsichtig sind. Schalten Sie die Hitze aus und rühren Sie 1 Esslöffel Koriander ein.

e) Zum Servieren den gekochten Reis gleichmäßig auf 4 vorgewärmte Suppentassen verteilen. Die Suppe und die Garnelen auf die Schüsseln verteilen und mit dem restlichen 1 Esslöffel Koriander garnieren.

f) Mit den Limettenschnitzen servieren und für einen zusätzlichen Farbtupfer mit geschnittenen Frühlingszwiebeln garnieren.

## 52. Fischtacos mit eingelegtem Gemüse

Portionsgröße: 4

## Zutaten:

- Für das eingelegte Gemüse:
- $\frac{1}{2}$ Tasse) Zucker
- $\frac{3}{4}$ Tasse destillierter weißer Essig
- 1 Teelöffel koscheres Salz
- $\frac{3}{4}$ Tasse Wasser
- $\frac{1}{2}$ Tasse zerkleinerte Karotten
- $\frac{1}{2}$ kleine rote Zwiebel, in dünne Scheiben geschnitten
- 1 große Jalapeño, entkernt und in dünne Streifen geschnitten

## Für die Tacos:

- 1 Pfund Kabeljaufilets (oder jeder flockige weiße Fisch), in 4 Stücke geschnitten Koscheres Salz
- Frisch gemahlener schwarzer Pfeffer
- $\frac{1}{2}$ Teelöffel Chilipulver
- 1 Teelöffel gemahlener Kreuzkümmel
- 3 Esslöffel Pflanzenöl
- 8 (6 Zoll) Maistortillas
- 1 Limette, in 4 Spalten geschnitten
- 2 Esslöffel saure Sahne
- $\frac{1}{4}$ Tasse Korianderblätter, lose verpackt

## Richtungen:
## Zum Einlegen des Gemüses

a) In einem großen Topf bei mittlerer Hitze Zucker, Essig und Salz mit dem Wasser vermischen. Ständig rühren, um den Zucker aufzulösen, dann die Mischung zum Kochen bringen. Schalten Sie die Hitze aus und kühlen Sie ab, etwa 10 Minuten. Karotten, Zwiebel und Jalapeño dazugeben und 20 Minuten oder bis zu 2 Stunden ziehen lassen.

**Um die Tacos zu machen**

b) Während das Gemüse eingelegt wird, eine gusseiserne Pfanne bei mittlerer Hitze erhitzen. Beide Seiten des Fisches entsprechend würzen, das Chilipulver und den Kreuzkümmel. Das Öl in die Pfanne geben und warten, bis es leicht zu rauchen beginnt. Den Fisch in die Pfanne geben und 4 Minuten pro Seite anbraten. Vom Herd nehmen und den Fisch auf einen sauberen Teller legen, dann mit Folie zelten.

c) Wischen Sie die Pfanne mit einem trockenen Papiertuch ab und stellen Sie sie auf mittlere bis hohe Hitze zurück. Die Tortillas 2 auf einmal 30 Sekunden pro Seite toasten.

d) Zum Zusammensetzen die Filets in kleinere Stücke brechen und auf den Tortillas anrichten. Jeden Taco leicht mit Salz und Pfeffer und einem Spritzer Limettensaft würzen.

e) Jeweils mit eingelegtem Gemüse, einem Spritzer Sauerrahm und Koriander belegen. Sofort servieren.

## 53. Geschwärzter Wels

Portionsgröße: 4

## Zutaten:
### Für die Schwärzung reiben

- 1 Teelöffel getrockneter Oregano
- 1 Teelöffel Zwiebelpulver
- 1 Esslöffel Paprika
- 1 Teelöffel getrockneter Thymian
- 1 Teelöffel Knoblauchpulver
- $\frac{1}{2}$ Teelöffel Cayennepfeffer
- $\frac{1}{2}$ Teelöffel frisch gemahlener schwarzer Pfeffer
- 1 Teelöffel koscheres Salz

### Für den Wels

- 8 Esslöffel (1 Stick) ungesalzene Butter, geteilt
- 4 Welsfilets, trocken getupft
- 2 Esslöffel Pflanzenöl
- 2 Knoblauchzehen, geschält und zerdrückt
- 1 Zitrone, in 8 Scheiben geschnitten
- 2 Esslöffel gehackter frischer Rosmarin
- 2 Teelöffel Worcestershire-Sauce
- $\frac{1}{4}$ Tasse trockener Weißwein

## Richtungen:
### Um die Schwärzung zu machen, reiben

a) Oregano und Thymian mit den Fingern zerdrücken und in eine
   kleine Schüssel geben, dann Paprikapulver, Knoblauchpulver,
   Zwiebelpulver, Cayennepfeffer, Salz und Pfeffer hinzufügen.

## Um den Wels zu machen

b) Auf einem Gasgrill im Freien eine große gusseiserne Pfanne bei starker Hitze vorheizen, bis sie sehr heiß ist und raucht.

c) In der Zwischenzeit 4 Esslöffel (ein halbes Stück) Butter in einer kleinen Pfanne schmelzen. Verwenden Sie Papiertücher, um den Wels trocken zu tupfen, und bürsten Sie die geschmolzene Butter auf beiden Seiten des Welses. Reiben Sie mit dem Schwärzungslauf jede Seite des Fisches.

d) Wenn die gusseiserne Pfanne zu rauchen beginnt, reduzieren Sie die Hitze auf mittelhoch und fügen Sie das Pflanzenöl und 2 Esslöffel Butter hinzu. Sobald die Butter schmilzt, schwenken Sie die Pfanne zum Kombinieren. Braten Sie den Fisch etwa 2 Minuten auf jeder Seite und wenden Sie ihn mit einem dünnen, flexiblen Metallspatel. Der Fisch raucht sofort und die Gewürze können eine dunkle Kruste bilden, aber behalten Sie die Nerven! Den Fisch auf vorgewärmte Teller legen und mit Folie warm halten.

e) Reduzieren Sie die Hitze auf mittel-niedrig und fügen Sie den Knoblauch, die Zitronenscheiben und den Rosmarin hinzu. 1 Minute anbraten. Fügen Sie die Worcestershire-Sauce und den Wein hinzu. Etwa 5 Minuten köcheln lassen, um den Wein um die Hälfte zu reduzieren. Schalten Sie die Hitze aus und fügen Sie die restlichen 2 Esslöffel Butter hinzu und schwenken Sie sie, bis sie gerade geschmolzen sind. Über jedes Filet einen Löffel Soße geben und mit den karamellisierten Zitronenscheiben garnieren. Heiß servieren.

## 54. Gebratene Sardinen mit Gremolata

Portionsgröße: 4


**Zutaten:**
**Für die Gremolata:**

- 1 Bund glattblättrige Petersilienblätter – gewaschen und getrocknet
- 2 Knoblauchzehen, fein gehackt
- Schale von 1 Zitrone

**Für die Sardinen:**

- $1\frac{1}{2}$ Tassen Pflanzenöl
- $1\frac{1}{4}$ Tassen Reismehl
- $2\frac{1}{2}$ Teelöffel koscheres Salz, plus eine Prise
- $\frac{1}{4}$ Teelöffel Cayennepfeffer
- $1\frac{1}{2}$ Pfund frische Sardinen, etwa 6 bis 8, mit Schmetterlingen und ohne Knochen
- $\frac{3}{4}$ Tasse Sprudelwasser, gekühlt, plus mehr bei Bedarf


**Richtungen:**
**Um die Gremolata zu machen**

a) Die Petersilie fein hacken und auf ein sauberes, trockenes Küchentuch oder Käsetuch geben. Sammeln Sie es zu einem festen Knopf und drücken Sie die zusätzliche Feuchtigkeit heraus.

b) In eine kleine Rührschüssel geben und den Knoblauch und die Zitronenschale einrühren.

**Um die Sardinen zu machen**

c) Das Öl in einer breiten, flachen Bratpfanne bei mittlerer bis hoher Hitze auf 375 °F erhitzen. Während das Öl auf Temperatur kommt, das Reismehl, $2\frac{1}{2}$ Teelöffel Salz und Cayennepfeffer in einer mittelgroßen Schüssel mischen. Die Sardinen auf beiden Seiten mit einem Papiertuch abtupfen und in der Reismehlmischung ausbaggern. Auf einen Teller übertragen.

d) Das Sprudelwasser in die Mehlschüssel schlagen. Der Teig sollte einem dünnen Pfannkuchenteig ähneln, fügen Sie bei Bedarf mehr Sprudelwasser hinzu, einen Spritzer nach dem anderen.

e) Überprüfen Sie die Öltemperatur, indem Sie einen Teelöffel Teig in die Pfanne geben. Wenn es sofort brutzelt und schwimmt, ist das Öl fertig. Tauchen Sie die Sardinen einzeln in den Teig und schütteln Sie den Überschuss vorsichtig ab. Senken Sie es vorsichtig von sich weg in das Öl und braten Sie es 6 bis 7 Minuten lang, bis es knusprig und hell goldbraun ist, und wenden Sie es nach der Hälfte der Zeit.

f) Verwenden Sie einen Drahtskimmer, um die Sardinen auf eine mit Küchenpapier ausgelegte Platte zu geben, um das überschüssige Öl abzutupfen.

g) Entsprechend würzen und auf einer warmen Platte mit der Gremolata darüber streuen.

# 55. Kabeljau in gewürztem Tomatencurry

Portionsgröße: 4

## Zutaten:

- 4 (5- bis 6-Unzen) Kabeljaufilets
- Koscheres Salz
- Frisch gemahlener schwarzer Pfeffer
- 4 Esslöffel ($\frac{1}{2}$ Stick) ungesalzene Butter oder Kokosöl
- 1 kleine gelbe Zwiebel, in $\frac{1}{4}$-Zoll-Würfel geschnitten
- 1 Esslöffel ($1\frac{1}{2}$-Zoll-Stück) fein gehackter frischer Ingwer
- 3 Knoblauchzehen, fein gehackt
- 2 Esslöffel Tomatenmark
- 2 Teelöffel Madras-Currypulver
- $\frac{3}{4}$ Tasse Wasser
- 2 Tassen gekochter Basmatireis
- Gehackter Koriander zum Garnieren

## Richtungen:

a) Den Kabeljau von allen Seiten leicht und entsprechend würzen und beiseite stellen.

b) Butter in einem großen Topf bei mittlerer Hitze erhitzen. Fügen Sie die Zwiebel, den Ingwer und den Knoblauch hinzu. Kurz umrühren, die Pfanne abdecken und 10 Minuten lang anschwitzen, oder bis alles weich und durchscheinend ist. Leicht mit Salz und Pfeffer würzen.

c) In einer großen Schüssel Tomatenmark und Currypulver mit dem Wasser verrühren. In den Topf geben und verrühren. Stellen Sie die Hitze auf mittelhoch ein und lassen Sie das Ganze etwa 5 Minuten köcheln.

d) Reduziere die Hitze auf mittel-niedrig. Den Fisch in die Pfanne geben, abdecken und 10 bis 12 Minuten köcheln lassen. Der Fisch wird undurchsichtig und sollte abblättern, wenn er vorsichtig mit einer Gabel gedrückt wird.

e) Den Reis gleichmäßig auf 4 vorgewärmte flache Schüsseln verteilen und mit dem Fisch und der Soße garnieren. Mit gehacktem Koriander garnieren und heiß servieren.

# 56. Jamaikanischer Jerk-Buntbarsch mit Kokosreis

Portionsgröße: 4

**Zutaten:**
**Für die Marinade:**

- $\frac{1}{2}$ Scotch Bonnet Pepper, entkernt und grob gehackt
- 2 Frühlingszwiebeln, grob gehackt
- 2 Knoblauchzehen, zerdrückt
- $\frac{1}{4}$-Zoll-Stück geschälter frischer Ingwer
- $\frac{1}{4}$ Tasse frisch gepresster Limettensaft
- 2 verpackte Esslöffel brauner Zucker
- 1 Esslöffel Pimentbeeren, zerdrückt
- $\frac{1}{2}$ Teelöffel gemahlener Zimt
- $\frac{1}{2}$ Teelöffel ganze schwarze Pfefferkörner
- $\frac{1}{2}$ Teelöffel koscheres Salz
- 2 Esslöffel Pflanzenöl
- 2 Tilapiafilets, je 7 bis 8 Unzen, in 4 gleiche Stücke geschnitten

**Für den Reis:**

- 1 Tasse Jasminreis, gründlich gespült
- $\frac{1}{2}$ Teelöffel koscheres Salz
- 1 (14 Unzen) Dose Kokosmilch anzünden
- $\frac{1}{2}$ Tasse Wasser

**Für den Tilapia:**

- 1 Esslöffel Pflanzenöl
- 1 Limette in 4 Spalten geschnitten

**Richtungen:**

**Um die Marinade zu machen**

a) Fügen Sie in einer Küchenmaschine Scotch Bonnet Pepper, Frühlingszwiebeln, Knoblauch, Ingwer, Limettensaft, braunen Zucker, Piment, Zimt, Pfefferkörner und Salz hinzu.
b) Pulsieren Sie, um alle Zutaten fein zu hacken, aber nicht zu hacken. Das Pflanzenöl einrühren.
c) Den Tilapia bis zu 1 Stunde im Kühlschrank marinieren.

**Um den Reis zu machen**

d) Reis, Salz, Kokosmilch und Wasser in einem großen Topf verrühren und bei starker Hitze zum Kochen bringen. Nach dem Kochen die Hitze auf die niedrigste Stufe reduzieren und abdecken.
e) 15 bis 20 Minuten auf niedriger Stufe köcheln lassen oder bis der Reis weich ist. Beiseite legen.

**Um den Tilapia zu machen**

f) Ofen auf 400°F vorheizen.
g) Reiben Sie das Pflanzenöl auf den Boden einer 8 x 8 Zoll großen Auflaufform. Die Filets aus der Marinade heben, die überschüssige Soße abtropfen lassen und in die Auflaufform legen. Backen, bis es schuppig ist. Beiseite stellen und mit Folie zelten.
h) Den Reis auflockern und auf eine vorgewärmte Platte geben. Den Fisch anrichten und mit den Limettenschnitzen servieren, die über jedes Filet gepresst werden.

# 57. Gedämpfter Zitronen-Kräuter-Fisch

Portionsgröße: 4

## Zutats

- 4 Welsfilets, ohne Haut, jeweils etwa 5 Unzen
- 3 mittelgroße Kartoffeln, geschält, in dünne Scheiben geschnitten
- 1 mittelgroße weiße Zwiebel, geschält, in dünne Ringe geschnitten $\frac{1}{4}$ Teelöffel Salz
- 1/8 Teelöffel gemahlener schwarzer Pfeffer
- 4 Zweige Thymian, frisch
- 1 Zitrone, in Scheiben geschnitten
- 2 Teelöffel Olivenöl
- 1 $\frac{1}{2}$ Tassen Wasser

## Richtungen:

a) Schalten Sie den 4-Liter-Instant-Topf ein, gießen Sie Wasser in den Innentopf. Setzen Sie dann einen Untersetzer ein.

b) Stellen Sie einen Dämpfeinsatz, der in den Innentopf passt. Mit einem Backblech auslegen, mit Zitronenscheiben belegen und dann mit Fischfilets belegen.

c) Den Fisch mit Zwiebelscheiben und Thymianzweigen garnieren. Mit Kartoffelscheiben belegen. Mit Salz und schwarzem Pfeffer würzen. Dann mit Öl beträufeln, bis es vollständig bedeckt ist.

d) Senken Sie den vorbereiteten Dampfkorb in den Untersetzer ab und schließen Sie die Abdeckung sicher.

e) Drücken Sie die manuelle Taste und wählen Sie die Niederdruckeinstellung. Die Kochzeit sollte 8 Minuten betragen. Der Instant-Topf braucht 5 bis 10 Minuten, um Druck aufzubauen, dann startet der Kochtimer.

f) Wenn der Instant-Topf piept, lassen Sie schnell den Druck ab und öffnen Sie den Instant-Topf vorsichtig.

g) Das Filet sofort servieren oder mit Zwiebeln, Kartoffeln und Zitronenscheiben servieren.

## 58. Gebratener Cajun-Fisch

Portionsgröße: 4

## Zutats

- 4 Welsfilets, ohne Haut, jeweils etwa 5 Unzen
- $\frac{1}{4}$ Tasse Cajun-Gewürz
- 1 Esslöffel Olivenöl
- 1 Esslöffel gehackte Petersilie
- Antihaft-Speiseölspray

## Richtungen:

a) Die Fischfilets abspülen und in Küchenpapier trocken tupfen.

b) Mit Cajun-Gewürz bestreuen, bis es vollständig bedeckt ist, dann mit Öl beträufeln.

c) Schalten Sie die Heißluftfritteuse ein und fetten Sie den Fritteusenkorb mit Öl ein. Legen Sie es in die Fritteuse und schließen Sie den Deckel. Stellen Sie die Kochtemperatur auf 400 Grad F ein und heizen Sie vor.

d) Die vorbereiteten Fischfilets in einer Schicht anrichten. Legen Sie die Filets in den Fritteusenkorb, besprühen Sie sie mit Öl und braten Sie sie dann 10 Minuten lang.

e) Drehen Sie jedes Filet um und schließen Sie die Heißluftfritteuse. 3 Minuten weiter braten, bis sie knusprig sind.

f) Wenn Sie fertig sind, legen Sie die Filets auf einen Teller, bestreuen Sie sie mit Petersilie und servieren Sie sie dann.

# 59. Panierter Fisch

Portionsgröße: 4

## Zutats

- 4 Flunderfilets, jeweils etwa 4 bis 6 Unzen
- 1 Tasse Semmelbrösel
- 1 Ei, geschlagen
- 1 Zitrone, in Scheiben geschnitten
- $\frac{1}{4}$ Tasse Olivenöl

## Richtungen:

a) Schalten Sie die Heißluftfritteuse ein und fetten Sie den Korb mit Öl ein. Setzen Sie es in die Fritteuse ein und schließen Sie die Abdeckung. Wählen Sie die Kochtemperatur bis zu 350 Grad F und heizen Sie vor.

b) In der Zwischenzeit die Semmelbrösel in eine flache Schüssel geben. Fügen Sie Öl hinzu und rühren Sie dann, bis eine krümelige Mischung entsteht.

c) Verwenden Sie eine andere flache Schüssel und schlagen Sie das Ei auf. Dann rühren, bis alles vermischt ist.

d) Arbeiten Sie an 1 Filet auf einmal. In das Ei geben und dann in Semmelbröseln wenden, bis alles gut bedeckt ist.

e) Ordnen Sie die vorbereiteten Filets in einer einzigen Schicht an und legen Sie sie in den Friteusenkorb. Dann 12 Minuten braten, bis sie goldbraun und bissfest sind, dabei halb wenden.

f) Die Filets mit Zitronenscheiben servieren.

# 60. Zesty Ranch Fischfilets

Portionsgröße: 4

## Zutats

- 4 Flunderfilets, jeweils etwa 4 bis 6 Unzen $\frac{3}{4}$ Tasse Semmelbrösel
- 2 $\frac{1}{2}$ Esslöffel Olivenöl
- 30-g-Päckchen trockener Dressing-Mix im Ranch-Stil
- 2 Eier, geschlagen
- 1 Zitrone, in Spalten geschnitten

## Richtungen:

a) Schalten Sie die Heißluftfritteuse ein und fetten Sie den Frittierkorb mit Öl ein. Setzen Sie es in die Fritteuse ein und schließen Sie die Abdeckung. Wählen Sie die Kochtemperatur bis zu 350 Grad F und heizen Sie vor.

b) In der Zwischenzeit eine flache Schüssel besorgen, die Semmelbrösel hineingeben und dann die Ranch-Dressing-Mischung und das Öl hinzufügen. Rühren, bis eine krümelige Mischung entsteht.

c) Das Ei in einer großen Schüssel aufschlagen und dann verquirlen, bis es vermischt ist.

d) Arbeiten Sie an 1 Filet auf einmal. Durch das Ei tauchen und dann leicht in der Semmelbröselmischung panieren, bis alles gut bedeckt ist.

e) Ordnen Sie die vorbereiteten Filets in einer einzigen Schicht an. In den Korb der Fritteuse geben und 12 Minuten braten, bis sie goldbraun und bissfest sind, dabei halb wenden.

f) Die Filets mit Zitronenspalten servieren.

# 61. Weißer Fisch mit Parmesankruste

Portionsgröße: 12

## Zutats

- 2 Seezungenfilets, jeweils etwa 4 bis 6 Unzen
- $\frac{1}{2}$ Teelöffel Zwiebelpulver $\frac{1}{2}$ Teelöffel Salz
- $\frac{1}{2}$ Teelöffel Knoblauchpulver
- $\frac{1}{4}$ Teelöffel gemahlener schwarzer Pfeffer
- $\frac{1}{2}$ Teelöffel geräucherter Paprika
- 1 Esslöffel frisch gehackte Petersilie
- 1 Esslöffel Olivenöl
- $\frac{1}{2}$ Tasse geriebener Parmesankäse
- 1 Zitrone, in Spalten geschnitten
- Antihaft-Speiseölspray

## Richtungen:

a) Schalten Sie die Heißluftfritteuse ein und legen Sie den Frittierkorb mit perforiertem Pergamentpapier aus. Dann mit Öl einfetten.

b) Setzen Sie den Korb in die Fritteuse und schließen Sie den Deckel. Wählen Sie die Kochtemperatur bis zu 350 Grad F und heizen Sie vor.

c) In der Zwischenzeit geriebenen Parmesankäse in eine flache Schüssel geben.

d) Die Fischfilets mit Öl bestreichen, mit Zwiebelpulver, Salz, schwarzem Pfeffer, Knoblauchpulver und Paprika würzen. In den Käse drücken, bis er gleichmäßig bedeckt ist.

e) Ordnen Sie die vorbereiteten Filets in einer einzigen Schicht an. Legen Sie die Filets in den Korb der Fritteuse. 12 Minuten braten, bis sie goldbraun und bissfest sind, dabei halb wenden.

f)  Wenn Sie fertig sind, legen Sie die Fischfilets auf einen Servierteller, streuen Sie Petersilie darüber und servieren Sie sie dann mit Zitronenschnitzen.

# 62. Fisch und Pommes

Portionsgröße: 4

## Zutaten

- 1 Pfund Schellfischfilets, in Streifen geschnitten
- 2 Tassen Panko-Semmelbrösel
- $\frac{1}{2}$ Tasse Allzweckmehl
- $\frac{1}{4}$ Teelöffel Salz
- $\frac{1}{2}$ Teelöffel Knoblauchpulver
- $\frac{1}{4}$ Teelöffel gemahlener schwarzer Pfeffer
- 2 Teelöffel Paprika
- 1 Ei
- 1 Zitrone, in Spalten geschnitten
- Pommes Frites nach Bedarf zum Servieren

## Richtungen:

a) Schalten Sie die Heißluftfritteuse ein und fetten Sie den Fritteusenkorb mit Öl ein. Setzen Sie es in die Fritteuse ein und schließen Sie die Abdeckung. Wählen Sie die Kochtemperatur bis zu 400 Grad F und heizen Sie vor.

b) In der Zwischenzeit Mehl in eine flache Schüssel geben. Fügen Sie Knoblauchpulver, Salz und Paprika hinzu und rühren Sie dann um, bis alles vermischt ist.

c) Verwenden Sie eine separate flache Schüssel, schlagen Sie das Ei darin auf und schlagen Sie es dann, bis es geschlagen ist.

d) Semmelbrösel in einen anderen tiefen Teller geben.

e) Immer nur einen Fischstreifen bearbeiten und in die Mehlmischung eintauchen. Tauchen Sie es in das Ei und

bedecken Sie es dann leicht mit Paniermehl, bis es bedeckt
ist.

f)  Die Fischstreifen in einer einzigen Schicht in den Korb der
    Fritteuse legen und mit Öl besprühen. Dann 12 bis 14
    Minuten braten, bis sie goldbraun und knusprig sind, dabei
    nach der Hälfte wenden.

g)  Servieren Sie die Fischstreifen mit Pommes, Lieblingssauce
    und Zitronenspalten.

# 63. Pochierter Zitruslachs

Portionen: 3

## Zutaten:

- 3 Knoblauchzehen, zerdrückt
- 1 Teelöffel frischer Ingwer, fein gerieben
- 1/3 Tasse frischer Orangensaft
- 3 Esslöffel Kokosaminos
- 3 Lachsfilets

## Richtungen

a) Alle Zutaten bis auf die Lachsfilets in eine Schüssel geben und gut vermischen. Legen Sie die Lachsfilets auf den Boden einer großen Pfanne

b) Die Ingwermischung gleichmäßig auf dem Lachs verteilen und etwa 15 Minuten bei Zimmertemperatur ruhen lassen.

c) In einem Topf bei starker Hitze zum Kochen bringen. Auf schwache Hitze reduzieren und abgedeckt 10 bis 12 Minuten garen, oder bis der gewünschte Gargrad erreicht ist.

# 64. Würziger Lachs

Portionen: 6

## Zutaten:

- $\frac{1}{2}$ Esslöffel gemahlener Ingwer
- $\frac{1}{2}$ Esslöffel gemahlener Koriander
- $\frac{1}{2}$ Esslöffel gemahlener Kreuzkümmel
- $\frac{1}{2}$ Teelöffel Paprika
- $\frac{1}{4}$ Teelöffel Cayennepfeffer
- Prise Salz
- 1 Esslöffel frischer Orangensaft
- 1 Esslöffel Kokosöl, geschmolzen
- 6 Lachsfilets

## Richtungen

a) Alle Zutaten außer dem Lachs in eine große Schüssel geben und umrühren, bis sich eine Paste bildet.

b) Den Lachs dazugeben und großzügig mit der Mischung bestreichen.

c) 30 Minuten im Kühlschrank marinieren lassen.

d) Heizen Sie den Gasgrill für mindestens 10 Minuten auf hoher Stufe vor.

e) Bestreichen Sie den Grillrost mit Kochspray.

f) Die Lachsfilets auf den Grill legen und einige Minuten garen.

g) Mit dem Deckel abdecken und ca. 3-4 Minuten grillen.

h) Die Seite wenden und mit dem Deckel abdecken und weitere 3-4 Minuten grillen.

## 65. Honiglachs

Portionen: 2-4

## Zutaten:

- 2 Lachsfilets
- 2 Esslöffel plus ½ Teelöffel roher Honig
- 1/3 Teelöffel gemahlener Kurkuma
- schwarzer Pfeffer, frisch gemahlen
- 2 große Zitronenscheiben
- 2 Lachsfilets

## Richtungen

a) Legen Sie den Lachs, ½ Teelöffel Honig, ¼ Teelöffel Kurkuma und schwarzen Pfeffer in einen Ziploc-Beutel.
b) Beutel verschließen und gut schütteln.
c) 1 Stunde im Kühlschrank marinieren lassen.
d) Heizen Sie Ihren Ofen auf 40°F vor.
e) Übertragen Sie die Lachsfilets in einer einzigen Schicht auf ein Backblech.
f) Filets mit Marinade bedecken.
g) Die Lachsfilets mit der Hautseite nach oben legen und ca. 6 Minuten backen.
h) Drehen Sie die Seiten der Filets vorsichtig um.
i) Gleichmäßig mit restlichem Kurkuma und schwarzem Pfeffer bestreuen.
j) Auf jedes Filet 1 Zitronenscheibe legen und mit dem restlichen Honig beträufeln.
k) Etwa 6 Minuten kochen.

# 66. Glasierter Lachs

Portionen: 6

## Zutaten:

- 1 Schalotte, gehackt
- 1 Teelöffel Knoblauchpulver
- $\frac{1}{4}$ Tasse roher Honig
- 1/3 Tasse frischer Orangensaft
- 1/3 Tasse Kokosaminos
- 6 Lachsfilets
- 1 Teelöffel Ingwerpulver

## Richtungen

a) Geben Sie alle Zutaten in einen Ziploc-Beutel und verschließen Sie den Beutel.

b) Schütteln Sie den Beutel, um die Lachsmischung zu beschichten.

c) Etwa 30 Minuten kühl stellen, gelegentlich wenden.

d) Grill auf mittlere Hitze vorheizen. Fetten Sie den Grillrost ein.

e) Nehmen Sie den Lachs aus dem Marinadenbeutel und legen Sie ihn beiseite.

f) Die Lachsfilets auf den Grill legen und ca. 10 Minuten grillen.

g) Die Filets mit der beiseitegelegten Marinade bestreichen und weitere 5 Minuten grillen.

## 67. Lachs mit Joghurt

Portionen: 4

## Zutaten:

- $\frac{1}{4}$ Tasse fettarmer griechischer Joghurt
- $\frac{1}{2}$ Teelöffel gemahlener Koriander
- $\frac{1}{2}$ Teelöffel gemahlene Kurkuma
- $\frac{1}{2}$ Teelöffel gemahlener Ingwer
- $\frac{1}{4}$ Teelöffel Cayennepfeffer
- Prise Salz
- Prise gemahlener schwarzer Pfeffer
- 4 Lachsfilets ohne Haut

## Richtungen

a) Grill erhitzen. Eine Grillpfanne einfetten.

b) Alle Zutaten außer dem Lachs in einer Rührschüssel vermischen.

c) Legen Sie die Lachsfilets in einer einzigen Schicht auf die vorbereitete Grillpfanne.

d) Die Joghurtmischung gleichmäßig über jedes Filet geben.

e) Etwa 12-14 Minuten grillen.

# 68. Lachs in Walnusskruste

Portionen: 4

## Zutaten:

- 1 Tasse Walnüsse
- 1 Esslöffel frischer Dill, gehackt
- 2 Esslöffel frische Zitronenschale, gerieben
- ½ Teelöffel Knoblauchsalz
- schwarzer Pfeffer, frisch gemahlen
- 1 Esslöffel Olivenöl
- 3-4 Esslöffel Dijon-Senf
- 4 Lachsfilets
- 4 Teelöffel frischer Zitronensaft

## Richtungen

a) Heizen Sie Ihren Ofen auf 350 ° F vor.

b) Mit Pergamentpapier ein großes Backblech auslegen.

c) In einer Küchenmaschine die Nüsse pulsieren, bis sie grob gehackt sind.

d) Pulsieren Sie den Dill, die Zitronenschale, das Knoblauchsalz, den schwarzen Pfeffer und die Butter, bis die Mischung krümelig ist.

e) Die Lachsfilets in einer Schicht mit der Hautseite nach unten auf das vorbereitete Backblech legen.

f) Die Oberseite jedes Lachsfilets mit Dijon-Senf bestreichen.

g) Gießen Sie die Nussmischung über jedes Filet und drücken Sie leicht auf die Oberfläche des Lachses.

h) Etwa 15-20 Minuten backen.

i) Die Lachsfilets aus dem Ofen nehmen und auf Tellern anrichten.

j) Mit Zitronensaft beträufeln und servieren.

## 69. Lachsmit Pfirsichen

Portionen: 4

## Zutaten:

- 4 Lachssteaks
- Prise Salz
- 3 Pfirsiche, entkernt und geviertelt
- 1 Esslöffel frischer Ingwer, gehackt
- 1 Teelöffel frische Thymianblätter, gehackt
- 3 Esslöffel Olivenöl
- 1 Esslöffel Balsamico-Essig
- Prise gemahlener schwarzer Pfeffer

## Richtungen

a) Grill auf mittlere Hitze vorheizen. Fetten Sie den Grillrost ein.

b) Lachs gleichmäßig mit Salz und schwarzem Pfeffer bestreuen.

c) In einer Rührschüssel Pfirsich, Salz und schwarzen Pfeffer mischen.

d) Den Grill vorheizen.

e) Jetzt die Pfirsich- und Lachssteaks auf den Grill legen.

f) Grille den Lachs von jeder Seite 5-6 Minuten auf dem Grill.

g) Grillen Sie die Pfirsiche und Zwiebeln etwa 3-4 Minuten auf jeder Seite.

h) In der Zwischenzeit die restlichen Zutaten in eine Schüssel geben und zu einer glatten Paste verrühren.

i) Die Ingwermischung gleichmäßig über die Lachsfilets verteilen und mit den Pfirsichen und Zwiebeln servieren.

# 70. Lachs mit scharfer Sauce

Portionen: 5

## Zutaten:

- 5 Lachsfilets
- $1\frac{1}{2}$ Teelöffel gemahlene Kurkuma
- Prise Salz
- 3 Esslöffel Kokosöl
- 1 Zimtstange, grob zerstoßen
- 3-4 grob zerkleinerter grüner Kardamom
- 4-5 ganze Nelken, grob zerstoßen
- 2 Lorbeerblätter
- 1 Zwiebel, gewürfelt
- 1 Teelöffel Knoblauchpaste
- $1\frac{1}{2}$ Teelöffel Ingwerpaste
- 3-4 grüne Chilis, halbiert
- 1 Teelöffel Paprikapulver
- $\frac{3}{4}$ Tasse griechischer Naturjoghurt
- $\frac{3}{4}$ Tasse Wasser
- $\frac{1}{4}$ Tasse frischer Koriander, gehackt

## Richtungen

a) Den Lachs in einer Schüssel mit $\frac{1}{2}$ Teelöffel Kurkuma und Salz würzen und beiseite stellen.
b) In einer Pfanne 1 Esslöffel Kokosöl schmelzen und den Lachs etwa 2 Minuten auf jeder Seite anbraten.
c) Übertragen Sie den Lachs in eine Schüssel.

d) In derselben Pfanne das restliche Öl schmelzen und Zimt, grünen Kardamom, ganze Nelken und Lorbeerblatt etwa 1 Minute lang anbraten.

e) Nach dem Hinzufügen der Zwiebel etwa 4-5 Minuten anbraten.

f) Fügen Sie die Knoblauchpaste, die Ingwerpaste und die grüne Paprika hinzu und braten Sie sie etwa 2 Minuten lang an.

g) Hitze auf mittel-niedrig reduzieren.

h) Übriges Kurkuma, rotes Chilipulver und Salz dazugeben und ca. 1 Minute sautieren.

i) In der Zwischenzeit Joghurt und Wasser in eine Schüssel geben und glatt rühren.

j) Reduzieren Sie nun die Hitze auf eine niedrige Stufe und fügen Sie die Joghurtmischung langsam unter ständigem Rühren hinzu.

k) Abdecken und etwa 15 Minuten köcheln lassen.

l) Die Lachsfilets vorsichtig hinzufügen und etwa 5 Minuten köcheln lassen.

m) Heiß mit Koriander servieren.

# 71. Kabeljau in Tomatensoße

Portionen: 5

## Zutaten:

- 2 Esslöffel Olivenöl
- 3 Esslöffel Tomatenmark
- 1 Teelöffel getrocknetes Dillkraut
- 2 Teelöffel Sumach
- 2 Teelöffel gemahlener Koriander
- $1\frac{1}{2}$ Teelöffel gemahlener Kreuzkümmel
- 1 Teelöffel Kurkumapulver
- 1 große süße Zwiebel, gewürfelt
- 8 Knoblauchzehen, zerdrückt
- 2 Jalapenopfeffer, gehackt
- 2 Esslöffel Limettensaft
- 5 mittelgroße Tomaten, gehackt
- $\frac{1}{2}$ Tasse Wasser
- 5 Kabeljaufilets
- Prise Salz
- Prise gemahlener schwarzer Pfeffer

## Richtungen

a) Für die Gewürzmischung: Dill und Gewürze in eine kleine Schüssel geben und gut vermischen. In einem großen, tiefen Wok das Öl bei starker Hitze erhitzen und die Zwiebel etwa 2 Minuten lang anschwitzen.

b) Mit Knoblauch und Jalapeno ca. 2 Minuten anbraten.

c) Tomaten, Tomatenmark, Limettensaft, Wasser, die Hälfte der Gewürzmischung, Salz und Pfeffer einrühren und aufkochen.

d) Zugedeckt etwa 10 Minuten bei mittlerer Hitze kochen und dabei regelmäßig umrühren. In der Zwischenzeit die Kabeljaufilets gleichmäßig mit der restlichen Gewürzmischung, Salz und Pfeffer würzen.

e) Die Fischfilets in den Wok geben und leicht in die Tomatenmischung drücken. Stellen Sie die Hitze auf mittelhoch und kochen Sie für etwa 2 Minuten.

f) Hitze auf mittlere Stufe reduzieren und zugedeckt etwa 10 bis 15 Minuten oder bis zum gewünschten Gargrad garen.

# 72. Entzündungshemmender Ingwer Tilapia

Portionen: 5

## Zutaten:

- 5 Tilapiafilets
- 3 Knoblauchzehen, zerdrückt
- 2 Esslöffel frischer Ingwer, gehackt
- 2 Esslöffel ungesüßte Kokosnuss, gerieben
- 2 Esslöffel Kokosaminos
- 8 Frühlingszwiebeln, gehackt
- 2 Esslöffel Kokosöl

## Richtungen

a) In einer Pfanne das Kokosöl bei starker Hitze schmelzen und die Tilapiafilets etwa 2 Minuten braten. Drehen Sie die Seite und fügen Sie den Knoblauch, die Kokosnuss und den Ingwer hinzu und kochen Sie für ungefähr 1 Minute.

b) Fügen Sie die Kokosaminos hinzu und kochen Sie für etwa 1 Minute. Frühlingszwiebel dazugeben und ca. 1-2 Minuten weiter garen.

c) Sofort servieren.

# BURGER & SANDWICHES

## 73. Lachsburger

Portionsgröße: 4

## Zutaten:
## Für die Burger

- 1½ Pfund Lachsfilet, Haut entfernt und grob in ¼-Zoll-Stücke gehackt
- 1 kleine Schalotte, gerieben
- 2 Teelöffel Kapern, gewaschen und fein gehackt
- 1 Esslöffel gehackte glatte Petersilie
- Schale von 1 Zitrone
- 2 Teelöffel frisch gepresster Zitronensaft
- 1 Teelöffel Dijon-Senf
- ½ Tasse Mayonnaise
- Prise koscheres Salz
- Prise frisch gemahlener schwarzer Pfeffer
- ¾ Tasse Panko-Semmelbrösel, geteilt
- 2 Esslöffel ungesalzene Butter
- 4 Brioche-Hamburgerbrötchen, getoastet
- 1 Tasse Rucolablätter
- 4 Tomatenscheiben

## für die Soße

- ¼ Tasse Mayonnaise
- 1 Teelöffel Dijon-Senf
- 4 bis 6 Teelöffel frisch gepresster Zitronensaft
- 2 Teelöffel fein gehackter frischer Dill
- Prise koscheres Salz
- Prise frisch gemahlener schwarzer Pfeffer

## Richtungen:
## Um die Burger zu machen

a) Mischen Sie in einer Rührschüssel Lachs, Schalotte, Kapern, Petersilie, Zitronenschale, Zitronensaft, Dijon-Senf, Mayonnaise und Gewürze. Vor dem Abdecken mit Plastikfolie gut vermischen und 30 Minuten (oder über Nacht) im Kühlschrank lagern.

b) Mischen Sie $\frac{1}{2}$ Tasse Paniermehl unter und formen Sie 4 gleich große Patties, etwa 1 Zoll dick. Drücken Sie die restlichen $\frac{1}{4}$ Tasse Semmelbrösel in die Patties auf jeder Seite.

c) In einer großen beschichteten Pfanne bei mittlerer Hitze die Butter schmelzen. Braten Sie die Lachsbratlinge etwa 4 Minuten pro Seite, gerade bis die Bratlinge goldbraun werden.

d) Legen Sie die Patties auf einen vorgewärmten Teller und decken Sie sie mit Folie ab. Lassen Sie sie etwa 5 Minuten ruhen, während Sie die Sauce zubereiten.

**Um die Soße zu machen**

e) Mayonnaise, Dijon-Senf, Zitronensaft nach Geschmack, Dill und je eine Prise Salz und Pfeffer verrühren. Die Sauce auf die unteren Stücke der Briochebrötchen streichen und den Rucola gleichmäßig darauf verteilen.

f) Mit einer in Scheiben geschnittenen Tomate belegen, dann ein Lachsbratling. Verteilen Sie zusätzliche Sauce auf dem oberen Brötchen und legen Sie das Brötchen auf das Patty.

g) Sofort servieren.

# 74. Katze-Fisch-Sandwich

Portionsgröße: 6

## Zutaten:

- 3/4 Tassen Buttermilch
- 3 Esslöffel Dijon-Senf
- 3 Teelöffel scharfe Soße
- 3 Teelöffel Cajun-Gewürz
- 4 Welsfilets
- 1/2 Tasse Maismehl-Fischbratmischung
- Prise Salz und Pfeffer
- 1/4 Tasse Mayonnaise
- Kochspray
- Französisches Brot, halbiert
- 2 Tassen Babyspinat
- 1 große Tomate, in Scheiben geschnitten
- 1/2 Tasse Parmesankäse, gerieben

## Richtungen:

a) In einer Schüssel Buttermilch, 2 Esslöffel Dijon-Senf, 2 Teelöffel Sauce, 1 Teelöffel Cajun-Gewürz vermischen

b) Wels mit Mischung bestreichen.

c) Schüssel abdecken, mindestens 20 Minuten (bis zu 2 Stunden) im Kühlschrank lagern

d) In einer kleinen Schüssel die Maismehlmischung, 1 Teelöffel Cajun-Gewürz, Salz und Pfeffer mischen und beiseite stellen.

e) Mischen Sie in einer kleinen Schüssel Mayo, 1 Esslöffel Dijon-Senf, 1 Teelöffel scharfe Sauce, 1 Teelöffel Cajun-Gewürz

f) Erhitzen Sie den Grill, besprühen Sie einen Rost, der groß genug ist, um Fisch zu tragen, und legen Sie den Rost auf ein Backblech.

g) Maismehlmischung zum Fisch geben, auf den Rost legen.

h) 3 Minuten von allen Seiten kochen, bis der Fisch in der Mitte undurchsichtig ist

i) Mayo-Dijon-Senf-Cajun-Mischung auf jedes Stück Brot geben, Filet, geriebenen Parmesan, Spinat und Tomatenscheiben hinzufügen.

# 75. Alaska-Lachssalat-Sandwich

Ausbeute: 6 Sandwiches

## Zutat

- 15½ Unzen Alaska-Lachs in Dosen

- ⅓ Tasse Naturjoghurt ohne Fett

- ⅓ Tasse Gehackte Frühlingszwiebeln

- ⅓ Tasse Gehackter Sellerie

- 1 Esslöffel Zitronensaft

- Schwarzer Pfeffer; schmecken

- 12 Scheiben Brot

## Richtungen:

a) Lachs abtropfen lassen und flocken. Restliche Zutaten außer Pfeffer und Brot einrühren. Mit Pfeffer abschmecken.

b) Lachsmischung auf die Hälfte der Brotscheiben streichen; mit restlichem Brot belegen. Sandwiches halbieren oder vierteln.

c) Ergibt 6 Sandwiches.

# 76. Würziger Fischburger

Portionsgröße: 6

## Zutaten:

- 1/2 Gurke, in dünne Scheiben geschnitten
- 1 Teelöffel Weißweinessig
- 1/4 Teelöffel Zucker
- 1 Esslöffel Mehl
- 1/4 Teelöffel Paprika
- 1/4 Teelöffel gemahlener Kreuzkümmel
- 1/4 Teelöffel getrockneter Thymian
- Handvoll Sprossen 2 Stück Kabeljauöl
- 2 Brötchen Sriracha-Sauce
- Avocado-Limetten-Sauce:
- 1 Avocado kleine Handvoll Koriander
- 1 Knoblauchzehe
- 1/2 Limettensaft
- 1/4 weiße Zwiebel Prise Salz und Pfeffer
- 1 Esslöffel Wasser

## Richtungen:

a) Gurke mit Essig, Zucker und Salz vermengen
b) Mehl, Gewürze und Kräuter mischen
c) Fisch in der Mehlmischung panieren
d) In einer großen Pfanne 2 Esslöffel Öl erhitzen und den Fisch 3 Minuten von allen Seiten braten, bis er goldbraun ist
e) Gewünschte Menge Sriracha-Sauce zu den Brötchen geben, Sprossen, Gurken und Fisch hinzufügen

f) Bereiten Sie die Avocadosauce vor, pürieren Sie alle Zutaten in einem Mixer, bis sie cremig sind, und geben Sie die gewünschte Menge zum Sandwich hinzu.

# Salate

# 77. Salat mit Thunfisch und weißen Bohnen

Portionsgröße: 4

## Zutaten:

- 15 Unzen abgetropfte und gespülte Cannellini-Bohnen
- 1 (7 Unzen) Dose ölverpackter fester Weißer Thun, Öl abgelassen und reserviert
- 2 Stangensellerie, schräg in $\frac{1}{4}$ Zoll dicke Streifen geschnitten
- 1 Tasse lose verpackte, grob gehackte frische glatte Petersilie
- 1 Esslöffel fein gehackte Schalotte
- 1 Zitrone, geschält und dann halbiert
- Koscheres Salz
- Frisch gemahlener schwarzer Pfeffer
- 2 bis 3 Esslöffel natives Olivenöl extra
- 1 Esslöffel weißer Balsamico-Essig
- 2 große Handvoll Grünkohl oder Rucola, grob gehackte Cracker, Crostini oder Fladenbrot zum Servieren

## Richtungen:

a) In einer großen Schüssel Bohnen, Thunfisch, Sellerie, Petersilie, Schalotte und Zitronenschale mischen. Mit Salz und Pfeffer würzen. Den Fisch mit einem Holzlöffel vorsichtig in kleine Stücke brechen und ein paar Bohnen pürieren.

b) Die Hälfte der Zitrone auspressen. Zitronensaft, Olivenöl und Essig hinzufügen, dann Grünkohl oder Rucola vorsichtig unterheben. Mit Salz und Pfeffer würzen. Wenn der Salat noch etwas trocken ist, träufeln Sie etwas Öl aus der Thunfischdose.

c) Vor dem Kühlen für 30 Minuten oder über Nacht abdecken. Kalt oder bei Zimmertemperatur mit Crackern servieren.

# 78. Heidelbeer-Lachs-Salat

Portionsgröße: 2

## Zutaten:

- Lachsfilet
- 1/2 gelbe Zwiebel (gewürfelt)
- 2 Esslöffel Butter
- 1 Tasse Blaubeeren
- 1 Tasse Weißwein
- 1 ½ Esslöffel Weißweinessig
- 4 Tassen gemischtes Grün
- 1 Zimtstange
- 1 Esslöffel Honig

## Richtungen:

a) Ofen auf 400 Grad F vorheizen.

b) Kombinieren Sie Zwiebel, Wein, Essig und Zimtstange (falls verwendet)

c) In einem großen Topf bei schwacher Hitze köcheln lassen. 10 min garen, die meiste Flüssigkeit sollte verdampft sein.

d) Blaubeeren, Butter und Honig (falls verwendet) zu der Mischung hinzufügen und 3-5 Minuten kochen lassen oder bis die Blaubeeren dunkelrosa sind.

e) Lachs in eine Auflaufform geben und mit Heidelbeermischung bedecken, 8 Minuten backen.

f) Mischgemüse auf einen Teller geben und Lachs und Heidelbeeren darauf legen.

# 79. Fisch- und Gemüsesuppe

Portionsgröße: 6

## Zutaten:

- 2 Karotten, gewürfelt
- 2 Stangen Sellerie, gewürfelt
- 1 große Zwiebel, gewürfelt
- Prise Salz und Pfeffer
- 3 Esslöffel Mehl
- 3 Tassen Milch
- 1 Pfund rote Kartoffeln
- 1 $\frac{1}{2}$ Teelöffel altes Lorbeergewürz
- 1/2 Teelöffel Basilikum
- 1/2 Teelöffel Knoblauchpulver
- 1 Tasse Mais
- 1 Pfund Kabeljau, ohne Haut

## Richtungen:

a) Karotten, Zwiebel, Salz, Pfeffer bei mittlerer Hitze unter gelegentlichem Rühren köcheln lassen.

b) Mehl hinzufügen. Kochen Sie eine Minute lang, bevor Sie Milch und ein paar Tassen Wasser hinzufügen und wieder zum Kochen bringen.

c) Kartoffeln, Lorbeer, Basilikum und Knoblauchpulver hinzufügen, Hitze reduzieren und köcheln lassen, bis die Kartoffeln weich sind (15 Minuten).

d) Mais und Fisch zugeben, 5 Minuten köcheln lassen, bis der Fisch undurchsichtig ist.

# 80. Lachssalat

Portionsgröße: 4

## Zutaten:
- 1 16 oz. Dose, Lachs abgetropft oder frisch gekochter Lachs
- 1/4 Tasse Zwiebel, gehackt
- 1/4 Tasse Mayonnaise
- 1 mittelgroße Stange Sellerie, gehackt
- 1/3 Tasse Genuss
- 3 Esslöffel, frische Kräuter, gehackt

## Richtungen:
a) Legen Sie den Lachs in eine große Schüssel und brechen Sie ihn mit einer Gabel auseinander.
b) Fügen Sie die restlichen Zutaten hinzu und mischen Sie alles zusammen.

## 81. Krabbensalat

Portionsgröße: 2

## Zutaten:

- 1/2 Pfund gekochte Garnelen
- 1 $\frac{1}{2}$ Köpfe Römersalat
- 1/4 rote Zwiebel
- Veggie-Toppings, Tomaten, Gurken, Sprossen
- Früchte, Äpfel, Beeren, Orangen
- Käse (Ziege, Blauschimmelkäse)
- Nüsse (Walnüsse, Mandeln)
- Vinaigrette, Dressing, Kräuter und Gewürze

## Richtungen:

a) Garnelen auf ein Backblech legen, 5-7 Minuten garen, bis die Garnelen rosa werden und sich daher die Schwänze einrollen.

b) Römersalat hacken und Toppings Ihrer Wahl, Käse, Nüsse, Vinaigrette, Dressings, Kräuter und Gewürze nach Belieben hinzufügen.

c) Top-Salat mit Garnelen.

# 82. Garnelen-Papaya-Salat

Portionsgröße: 4

## Zutaten:

- 2 reife Papayas, längs halbiert, entkernt
- 1 Tasse gekochte mittelgroße Garnelen (41–50 Garnelen pro Pfund), geschält und entdarmt und grob gehackt
- 1 Avocado, geschält, entkernt und in $\frac{1}{4}$-Zoll-Würfel geschnitten
- 1 mittelgroße rote Zwiebel, gewürfelt
- 1 kleine Jalapeño-Pfeffer, fein gehackt
- $\frac{1}{2}$ Tasse grob gehackter frischer Koriander 2 Limettenschale
- 2 Limettensaft
- Koscheres Salz
- Frisch gemahlener schwarzer Pfeffer
- $\frac{1}{4}$ Tasse natives Olivenöl extra

## Richtungen:

a) Schöpfen Sie die Papaya mit einem geeigneten Löffel heraus und lassen Sie etwa $\frac{1}{4}$ Zoll Fruchtschicht in der Schale. Die ausgehöhlte Papaya in $\frac{1}{4}$-Zoll-Würfel schneiden und in eine Rührschüssel geben.

b) Garnelen, Avocado, Zwiebel, Jalapeño, Koriander, Limettenschale, Limettensaft und jeweils eine Prise Salz und Pfeffer hinzufügen. Mischen Sie die Zutaten vorsichtig miteinander, um die Avocado oder Papaya nicht zu sehr zu zerdrücken, und träufeln Sie dann das Olivenöl darüber.

c) Leicht mit Salz und Pfeffer abschmecken. Warten Sie, bis der Salat 30 Minuten ruht, um die Aromen zu vereinen.

d) Den Salat in die halbierten Papayas geben und sofort servieren.

## 83. Nudelsalat mit Alaska-Lachs und Avocado

Ausbeute: 4 Portionen

## Zutat

- 6 Unzen trockene Nudeln
- 1 Dose Alaska-Lachs
- 2 Esslöffel French-Dressing
- 1 Bund Frühlingszwiebel; dünn geschnitten
- 1 rote Paprika
- 3 Esslöffel Koriander oder Petersilie; gehackt
- 2 Esslöffel leichte Mayonnaise
- 1 Limette; entsaftet und die Schwarte abgerieben
- 1 Esslöffel Tomatenmark
- 3 reife Avocados; gewürfelt
- $\frac{1}{2}$ Tasse saure Sahne
- Salatblätter zum Servieren
- Paprika nach Geschmack

## Richtungen:

a) Die Nudeln nach Packungsanweisung kochen. Abtropfen lassen und mit dem French-Dressing mischen. Abkühlen lassen. Den Lachs abtropfen lassen und flocken. Mit den Frühlingszwiebeln, der geschnittenen Paprika und dem Koriander zu den Nudeln geben.

b) Limettensaft und abgeriebene Schale, Mayonnaise, Sauerrahm und Tomatenmark verquirlen, bis alles gut vermischt ist. Den Nudelsalat mit dem Dressing anrichten. Mit Salz und Pfeffer abschmecken; abdecken und kalt stellen. Vor dem Servieren die Avocados vorsichtig unter den Salat heben.

c) Den Salat auf ein Bett aus Salatblättern geben. Zum Garnieren mit Paprika bestreuen.

# 84. Geräucherter Lachs, Gurke und Nudelsalat

Ausbeute: 3 Portionen

## Zutat

- 3 Unzen dünne Spaghetti; gekocht
- $\frac{1}{2}$ Gurke; geviertelt/geschnitten
- 3 große Zweige frischer Dill
- 1 Tasse Blattsalat; mundgerecht zerrissen
- 1 oder 2 Frühlingszwiebeln mit einigen Spitzen; geschnitten
- 3 Unzen Räucherlachs; geflockt (bis zu 4)
- $\frac{1}{4}$ Tasse fettfreie oder fettarme saure Sahne
- 2 Esslöffel fettfreier Joghurt; (schmucklos)
- 1 Esslöffel Zitronensaft
- 1 Tomate; in Keilen
- Frische Petersilienzweige

## Richtungen:

a) Nudeln in kochendem Salzwasser kochen. In der Zwischenzeit die restlichen Salatzutaten in einer mittelgroßen Schüssel mischen und ein paar Lachsflocken als Garnitur zurückbehalten. Kombinieren Sie in einer kleinen Schüssel die Dressing-Zutaten.

b) Ausgekühlte Nudeln mit den restlichen Salatzutaten mischen. Dressing hinzufügen und leicht mischen. Mit beiseite gestellten Lachsflocken, Tomaten und Petersilie garnieren. Ausruhen.

c) 10 Minuten vor dem Servieren aus dem Kühlschrank nehmen.

## 85. Karamellisierter Lachs auf einem warmen Kartoffelsalat

Ausbeute: 4 Portionen

## Zutat

- 2 Esslöffel Olivenöl

- $\frac{1}{2}$ Pfund gemahlene Andouille-Wurst

- 2 Tassen Julienne-Zwiebeln

- 1 Salz; schmecken

- 1 frisch gemahlener schwarzer Pfeffer; schmecken

- 1 Esslöffel gehackter Knoblauch

- 2 Pfund weiße Kartoffeln; geschält, klein gewürfelt,

- 1 und bissfest gekocht

- $\frac{1}{4}$ Tasse kreolischer Senf

- $\frac{1}{4}$ Tasse gehackte Frühlingszwiebeln; nur grüner Teil

- 8 Lachsfilets

- 1 Bayou-Explosion

- 2 Tassen Kristallzucker

- 2 Esslöffel fein gehackte frische Petersilienblätter

## Richtungen:

a) In einer großen Bratpfanne bei mittlerer Hitze einen Esslöffel Öl hinzufügen.

b) Wenn das Öl heiß ist, fügen Sie die Wurst hinzu. Die Wurst 2 Minuten anbraten. Fügen Sie die Zwiebeln hinzu. Mit Salz und Pfeffer würzen. Sautieren Sie die Zwiebeln für 4 Minuten oder bis sie weich sind. Knoblauch und Kartoffeln unterrühren.

c) Mit Salz und Pfeffer würzen. 4 Minuten weiter braten. Senf und Frühlingszwiebeln unterrühren. Von der Hitze nehmen und beiseite stellen. Beide Seiten des Lachses mit Bayou Blast würzen.

d) Den Lachs im Zucker wenden und vollständig bestreichen. Restliches Öl in zwei großen Bratpfannen erhitzen. Fügen Sie den Lachs hinzu und kochen Sie ihn etwa 3 Minuten lang auf jeder Seite oder bis der Lachs karamellisiert ist.

e) Den warmen Kartoffelsalat in der Mitte jedes Tellers anhäufen. Legen Sie den Lachs auf den Salat. Mit Petersilie garnieren.

## 86. Salat mit geronnenem Lachs

Ausbeute: 6 Portionen

## Zutat

- 2 Esslöffel Nicht aromatisierte Gelatine

- $\frac{1}{4}$ Tasse kaltes Wasser

- 1 Tasse kochendes Wasser

- 3 Esslöffel Frisch gepresster Zitronensaft

- 2 Tassen Lachsflocken

- $\frac{3}{4}$ Tasse Salatdressing oder Mayonnaise

- 1 Tasse gewürfelter Sellerie

- $\frac{1}{4}$ Tasse Gehackter grüner Pfeffer

- 1 Teelöffel gehackte Zwiebel

- $\frac{1}{2}$ Teelöffel Salz

- 1 Prise Pfeffer

## Richtungen:

a) Gelatine in kaltem Wasser aufweichen; kochendes Wasser hinzufügen, dann gründlich abkühlen. Zitronensaft, Lachs, Salatdressing oder Mayonnaise und Gewürze hinzufügen.

b) In eine gefettete Form gießen und kalt stellen, bis sie fest ist. Ausbeute: 6 Portionen.

## 87. Cooler Salat für Lachsliebhaber

Ausbeute: 4 Portionen

## Zutat

- 1 Pfund gekochter Königs- oder Coho-Lachs; In Stücke zerbrochen

- 1 Tasse geschnittener Sellerie

- $\frac{1}{2}$ Tasse Grob gehackter Kohl

- $1\frac{1}{4}$ Tasse Mayonnaise oder Salatdressing; (bis 1 1/2)

- $\frac{1}{2}$ Tasse Süßes Gurkenrelish

- 1 Esslöffel Zubereiteter Meerrettich

- 1 Esslöffel fein gehackte Zwiebel

- $\frac{1}{4}$ Teelöffel Salz

- 1 Prise Pfeffer

- Salatblätter; Römerblätter oder Endivie

- Geschnittene Radischen

- Dill-Gurken-Scheiben

- Brötchen oder Cracker

## Richtungen:

a) Lachs, Sellerie und Kohl in einer großen Rührschüssel vorsichtig vermischen.

b) In einer anderen Schüssel Mayonnaise oder Salatdressing, Gurkenrelish, Meerrettich, Zwiebel, Salz und Pfeffer verrühren. Fügen Sie es der Lachsmischung hinzu und werfen Sie es zum Überziehen. Decken Sie den Salat ab und kühlen Sie ihn bis zum Servieren (bis zu 24 Stunden).

c) Eine Salatschüssel mit Gemüse auslegen. Löffel in die Lachsmischung. Mit Radieschen und Dillgurken garnieren. Servieren Sie den Salat mit Brötchen oder Crackern.

d) Ergibt 4 Portionen Hauptgericht.

## 88. Dilllachssalat

Ausbeute: 6 Portionen

## Zutat

- 1 Tasse fettarmer Naturjoghurt

- 2 Esslöffel Fein gehackter frischer Dill

- 1 Esslöffel Rotweinessig

- Salz und frisch gemahlener Pfeffer

- 1 2-Pfund-Lachsfilet (1 Zoll dick), von Haut und Sehnen gereinigt

- 1 Esslöffel Rapsöl

- $\frac{1}{2}$ Teelöffel Salz

- $\frac{1}{2}$ Teelöffel frisch gemahlener Pfeffer

- 1 mittelgroße Gurke

- Gelockter Blattsalat

- 4 reife Tomaten; fein geschnitten

- 2 mittelgroße rote Zwiebeln; geschält und in dünne Scheiben geschnitten und in Ringe getrennt

- 1 Zitrone; längs halbiert und in dünne Scheiben geschnitten

## Richtungen:

a) Dressing zubereiten: Joghurt, Dill, Essig, Salz und Pfeffer verrühren. Kalt stellen. Salat zubereiten: Lachs auf beiden Seiten mit Öl, Salz und Pfeffer beträufeln.

b) Grill erhitzen, bis er sehr heiß ist. Den Lachs auf den Grill legen und zugedeckt ca. $3\frac{1}{2}$ Minuten auf jeder Seite grillen, bis er schuppig ist. Auf eine Servierplatte geben und mindestens 5 Minuten ruhen lassen. In $\frac{1}{2}$-Zoll-Scheiben schneiden.

c) Lachs in eine Schüssel geben und mit dem Dressing mischen. Abdecken und kühl stellen. Gurke kurz vor dem Servieren schälen und längs halbieren. Mit einem kleinen Löffel in der Mitte nach unten kratzen, um die Kerne zu entfernen. Dünn schneiden.

d) Lachsmischung in der Mitte einer großen Platte, die mit Salatblättern ausgelegt ist. Mit Gurken, Tomaten, Zwiebeln und Zitronenscheiben umgeben. Nach Belieben mit zusätzlichem Dill garnieren.

# 89. Lachs mit knackigen Kräutern und orientalischem Salat

Ausbeute: 1 Portionen

## Zutat

- 160 Gramm Lachsfilet

- 5 Gramm chinesisches Fünf-Gewürze-Pulver

- 15 Milliliter Sojasauce

- 10 Gramm Tomate; Gewürfelt

- 2 Teelöffel Vinaigrette

- 20 Milliliter Olivenöl

- 40 Gramm gemischte Salatblätter

- 5 Gramm Frittierter Basilikum, Koriander, Petersilie

- 10 Gramm Wasserkastanien; Geschnitten

- 10 Gramm geschälte rote und grüne Paprika; Julienned

- Salz und schwarzer Pfeffer

## Richtungen:

a) Lachs in Sojasauce und fünf Gewürzen marinieren. In etwas Olivenöl anbraten und von beiden Seiten langsam anbraten.

b) Salatblätter anziehen. Wasserkastanien anrichten, mit Lachs belegen und Salatblätter mit Pfeffer anrichten.

## 90. Lachssalat von der Insel

Ausbeute: 1 Portionen

## Zutat

- 8 Unzen Lachs oder andere feste Fischfilets

- 1 Esslöffel Olivenöl

- 1 Esslöffel Limetten- oder Zitronensaft

- 1 Teelöffel Cajun- oder Jamaican Jerk-Gewürz

- 6 Tassen zerrissene gemischte Grüns

- 2 mittelgroße Orangen; geschält und geschnitten

- 1 Tasse Erdbeeren; halbiert

- 1 mittelgroße Avocado; halbiert, entkernt, geschält, in Scheiben geschnitten

- 1 mittelgroße Mango; entkernt, geschält, geschnitten

- $\frac{1}{4}$ Tasse gehackte Macadamianüsse oder Mandeln; getoastet

- Tortilla Schalen

- Estragon-Buttermilch-Dressing

- Locken mit Limettenschale

**Richtungen:**

a) Fisch mit Öl bestreichen, mit Limetten- oder Zitronensaft beträufeln und würzen. In einen gefetteten Grillkorb legen. 4-6 Minuten pro $\frac{1}{2}$ Zoll Dicke grillen oder den Fisch leicht zu Flocken zerkleinern, dabei einmal wenden. Fisch in mundgerechte Stücke zupfen.

b) Kombinieren Sie Fisch, Gemüse, Orangen, Erdbeeren, Avocado und Nüsse in einer großen Rührschüssel: Zum Mischen vorsichtig schwenken. In die Tortilla Bowls geben und mit dem Dressing beträufeln.

c) Nach Belieben jede Portion mit einer Limettenschale garnieren.

# 91. Malaysischer Kräuterreis und Lachssalat

## Zutat

- 400 Gramm frischer Lachs
- 2 Esslöffel Sojasauce
- 2 Esslöffel Mirin
- 6 Tassen Gekochter Jasminreis
- ½ Tasse geröstet; Kokosraspeln
- 1 5 cm Stück Kurkuma; geschält
- 1 5 cm Stück Galgant; geschält
- 3 Esslöffel Fischsauce
- 2 kleine rote Chilis; entkernt und zerkleinert
- 8 Kaffirlimettenblätter
- ½ Tasse Thai-Basilikum
- ½ Tasse vietnamesische Minze
- Extra geröstete Kokosnuss zum Servieren.
- 1 reife Avocado; geschält
- 1 rote Chilischote; gehackt
- 2 Knoblauchzehen; gehackt
- ¾ Tasse Olivenöl; (hell)

- ⅓ Tasse Limettensaft

- ¼ Tasse Zitronensaft

- ½ Tasse Thai-Basilikumblätter

- 10 Zweige Korianderblätter und Stiel

**Richtungen:**

a) Lassen Sie den Fischhändler die Haut vom Lachs entfernen und legen Sie ihn dann in eine flache Glasschale. Soja und Mirin mischen und über den Fisch gießen und 30 Minuten marinieren. Erhitzen Sie eine Grillpfanne oder einen Griller und grillen Sie den Fisch, bis er außen goldbraun und innen gerade durchgegart ist, etwa 3 Minuten auf jeder Seite. Cool.

b) Kurkuma-, Galgant-, Chili- und Kaffernlimettenblätter sehr fein julienne und mit dem gekochten Reis mischen. Geröstete Kokosnuss, Basilikum und Minze dazugeben und mit der Fischsauce vermischen. Beiseite legen.

c) Machen Sie das Dressing. Alle Zutaten in einer Küchenmaschine pürieren, bis sie dickflüssig sind, dann das Dressing unter den Reis heben, bis der Reis hellgrün gefärbt ist.

d) Flocken Sie den gekochten Fisch und fügen Sie ihn dem Reis hinzu und mischen Sie ihn sehr vorsichtig, um ihn zu verteilen.

e) Servieren Sie den Salat bei Zimmertemperatur mit gerösteten Kokosnüssen garniert.

# 92. Minziger Lachssalat

Ausbeute: 4 Portionen

## Zutat

- 213 Gramm Roter Alaska-Lachs in Dosen

- 2 reife Avocados geschält und halbiert

- 1 Limette; entsaftet

- 25 Gramm Endivie

- 50 Gramm Gurke; geschält und gewürfelt

- ½ Teelöffel frisch gehackte Minze

- 2 Esslöffel griechischer Joghurt

- Dose Lachs abtropfen lassen, Fisch in große Flocken zerteilen, beiseite stellen.

## Richtungen:

a) Avocadokerne entfernen. Am abgerundeten Ende längs aufschneiden. Schneiden Sie das schmale Ende nicht vollständig durch.

b) Jede Hälfte in 5 Stücke schneiden, auf eine Servierplatte legen und die Scheiben fächerartig ausbreiten.

c) Mit Limettensaft bestreichen.

d) Den Endiviensalat auf den Tellern anrichten und die Lachsflocken darauf legen.

e) Gurke, Minze und Joghurt vermischen. Auf den Salat geben.

f) Sofort servieren.

# 93. Gebratener Lachs mit Kartoffelsalat

Ausbeute: 1 Portionen

## Zutat

- 250 Gramm Baby-Frühkartoffeln

- 6 Esslöffel Olivenöl

- eine halbe Zitrone; Saft von

- 1 Esslöffel Vollkornsenf

- 1 Esslöffel geschnittener Schnittlauch

- 150 Gramm Lachsfilet

- 2 Unzen. Balsamico Essig

- Ein paar Tropfen scharfe Paprikasauce

- 25 Gramm Basilikumblätter

- Salz und frisch gemahlener Pfeffer

## Richtungen:

a) Kochen Sie die Kartoffeln 8-10 Minuten, bis sie weich sind. Mit dem Gabelrücken grob zerdrücken.

b) Fügen Sie dem Brei 2 Esslöffel Öl hinzu, zusammen mit Zitronensaft, Senf und Schnittlauch.

c) Großzügig würzen. Das Lachsfilet würzen und auf jeder
   Seite 1-2 Minuten braten, bis es gerade durchgegart ist. 3
   Den Balsamico-Essig zu einer sirupartigen Konsistenz
   reduzieren. Das restliche Öl mit den Basilikumblättern
   pürieren.

d) Zum Servieren den Lachs auf einen Haufen Kartoffelsalat
   legen und mit Balsamico-Reduktion, Basilikumöl und
   Pfeffersauce beträufeln.

## 94. Nudel- und Räucherlachssalat

Ausbeute: 4 Portionen

## Zutat

- ¾ Pfund Räucherlachs in Streifen geschnitten
- 2 Liter Wasser
- ¾ Pfund Linguini oder Spaghetti; trocken
- 2 Esslöffel Weißer Essig
- ½ Tasse Zwiebel; fein gehackt
- 1 Tasse Schlagsahne
- ¾ Tasse Trockener Weißwein
- 1 Esslöffel Dijon-Senf
- ¼ Tasse geriebener Parmesan
- ½ Tasse frische Petersilienzweige

## Richtungen:

a) Wasser zum Kochen bringen, Nudeln kochen, bis sie weich sind; Abfluss.

b) Kochen Sie beim Kochen der Nudeln Essig mit Zwiebeln in einer Bratpfanne bei starker Hitze, bis der Essig verdunstet ist, etwa 2 Minuten. Sahne, Wein und Senf zugeben. Ohne Deckel unter häufigem Rühren kochen, bis die Sauce auf 1-$\frac{3}{4}$ Tassen reduziert ist. Heiße abgetropfte Nudeln hinzufügen; mit Gabeln anheben, um sie mit Soße zu bestreichen.

c) Nudeln und Sauce gleichmäßig auf 4 Teller verteilen; jeweils mit Parmesan bestreuen. Lachs zu jeder Portion Nudeln anrichten, mit Petersilie garnieren. Mit Salz und Pfeffer würzen.

## 95. Nudelsalat mit Lachs und Zucchini

Ausbeute: 6 Portionen

## Zutat

- 700 Gramm Nudeln (jede Art)

- 500 Gramm Räucherlachs

- 500 Gramm gekochte Zucchini in Scheiben geschnitten

- 200 Milliliter Olivenöl

- 70 Gramm Petersilie

- 50 Milliliter Zitronensaft

- Salz und Pfeffer

## Richtungen:

a)  Den Lachs in Würfel schneiden. Nudeln kochen und dann kalt stellen.

b)  Alles zusammen mischen.

## 96. Kalt pochierter Lachssalat

Ausbeute: 2 Portionen

## Zutaten

- 1 Esslöffel gehackter Sellerie

- 1 Esslöffel gehackte Karotten

- 2 Esslöffel grob gehackte Zwiebeln

- 2 Tassen Wasser

- 1 Tasse Weißwein

- 1 Lorbeerblatt

- $1\frac{1}{2}$ Teelöffel Salz

- 1 Zitrone; in Hälften schneiden

- 2 Zweige Petersilie

- 5 schwarze Pfefferkörner

- 9-Unzen-Lachsfilet in der Mitte geschnitten

- 4 Tassen Babyspinat; gereinigt

- 1 Esslöffel Zitronensaft

- 1 Teelöffel gehackte Zitronenschale

- 2 Esslöffel gehackter frischer Dill

- 2 Esslöffel gehackte frische Petersilie

- $\frac{1}{2}$ Tasse Olivenöl

- 1½ Teelöffel gehackte Schalotten

- 1 Salz; schmecken

- 1 frisch gemahlener schwarzer Pfeffer; schmecken

## Richtungen

a) Sellerie, Karotten, Zwiebeln, Wein, Wasser, Lorbeerblatt, Salz, Zitrone, Petersilie und Pfefferkörner in eine flache Pfanne geben. Zum Kochen bringen, Hitze reduzieren und die Lachsstücke vorsichtig in die siedende Flüssigkeit geben, abdecken und 4 Minuten köcheln lassen. In der Zwischenzeit die Marinade zubereiten.

b) In einer Schüssel Zitronensaft, Schale, Dill, Petersilie, Olivenöl, Schalotten, Salz und Pfeffer vermischen. Gießen Sie die Marinade in eine nicht reaktive Pfanne oder einen Behälter mit flachem Boden und gerade genug Platz, um den gekochten Lachs darauf zu legen. Nun den Lachs aus der Pfanne nehmen und in die Marinade legen. 1 Stunde abkühlen lassen.

c) Den Spinat in etwas Marinade schwenken, mit Salz und Pfeffer würzen und auf zwei Teller verteilen. Lachs mit einem Pfannenwender auf den Spinat legen.

# NACHTISCH

## 97. Kräuterlachskuchen

Portionen: 8 Portionen

## Zutaten:

- 3 Dosen Atlantischer/rosa Lachs, gut abgetropft
- 1 große rote Zwiebel, fein gehackt
- ½ Tasse Semmelbrösel
- 2 Esslöffel Schnittlauch, fein gehackt
- 2 Esslöffel Petersilie, fein gehackt
- 1 Esslöffel Frühlingszwiebel, fein gehackt
- 2 Esslöffel rote Paprika, fein gehackt
- 2 Esslöffel grüne Paprika, fein gehackt
- 2 Teelöffel Dijon-Senf
- Salz und Pfeffer nach Geschmack
- 2 große Eier, leicht geschlagen
- Pflanzenöl zum Braten

## Richtungen:

a) Alle Zutaten in eine große Schüssel geben und gut vermischen.

b) Die Mischung für etwa 10 Minuten in den Kühlschrank stellen.

c) Wenn die Lachsmischung leicht fest wird, nehmen Sie einen Esslöffel der Mischung in Ihre Hände und formen Sie sie zu einem Patty. Wiederholen Sie diese Methode, bis alle Patties geformt sind.

d) Erhitzen Sie bei niedriger bis mittlerer Hitze eine große Pfanne und fügen Sie Pflanzenöl zum Braten hinzu. Braten Sie die Patties etwa 2-3 Minuten pro Seite oder bis sie goldbraun sind. Lassen Sie sie mit Papiertüchern abtropfen.

e) Mit cremiger Sauce nach Wahl servieren.

## 98. Lachsbrot

Ausbeute: 4

## Zutat

- 1 Ei - geschlagen

- 14 oz. Dosenlachs

- $\frac{1}{2}$ c frische Semmelbrösel

- 6 frische Pilze

- 1 EL Zitronensaft

- 1 Teelöffel abgeriebene Zitronenschale

- $\frac{1}{2}$ Teelöffel Cajun-Gewürz

- Gemüsekochspray

## Richtungen:

a) Kleine Kastenform mit Kochspray einsprühen.

b) Lachsmischung in die Pfanne geben und bei 375F 40 Minuten lang backen, bis der Laib in Scheiben geschnitten werden kann.

# 99. Alaska Meeresfrüchte-Törtchen

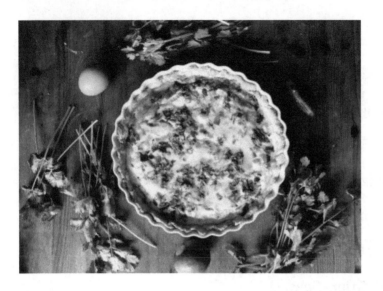

Ausbeute: 6 Portionen

## Zutat

- 418 Gramm Alaska-Lachs in Dosen

- 350 Gramm Päckchen Filoteig

- 3 Esslöffel Walnussöl

- 15 Gramm Margarine

- 25 Gramm einfaches Mehl

- 2 Esslöffel griechischer Joghurt

- 175 g Meeresfrüchtesticks; gehackt

- 25 Gramm Walnüsse, gehackt

- 100 Gramm geriebener Parmesan

## Richtungen:

a) Jedes einzelne Filoteigblatt mit Öl bepinseln und in sechzehn Quadrate von 15 cm / 5 Zoll falten. Legen Sie ein Quadrat in jede Kuchenform und lassen Sie die spitzen Ecken über den Rand hinausragen.

b) Mit Öl bepinseln und dann ein zweites Teigquadrat auf das erste legen, aber mit den Ecken nach oben zwischen den ursprünglichen, um einen Seeroseneffekt zu erzeugen.

c) Reduzieren Sie die Ofentemperatur auf 150 C, 300 F, Gasherd. Schmelzen Sie die Margarine und rühren Sie das Mehl ein. Den Fischfond einrühren und gut schlagen, um Klumpen zu entfernen.

d) Joghurt, Meeresfrüchtesticks, Walnüsse und Lachsflocken in die Sauce rühren und gleichmäßig auf die 8 Teigförmchen verteilen.

e) Streuen Sie die Semmelbrösel darüber und kehren Sie dann zum Erhitzen für 5-8 Minuten in den Ofen zurück

## 100. Lachs Mousse

Portionsgröße: 12

**Zutaten:**

- 2 Teelöffel Pflanzenöl, zum Auskleiden der Form
- 1 (14½ Unzen) Dose Lachs, gekühlt
- ½ Tasse Mayonnaise
- ½ Tasse griechischer Joghurt
- 1 kleine Schalotte, gehackt
- 2 Teelöffel Paprika
- ¼ Teelöffel Cayennepfeffer
- 1 Teelöffel koscheres Salz
- 2 Esslöffel dünn geschnittener Schnittlauch
- 2 Teelöffel fein gehackter frischer Dill
- ¼ Unze pulverisierte Gelatine
- ¼ Tasse kaltes Wasser
- 2 Esslöffel heißes Wasser

- 1 Tasse Sahne, gekühlt

**Richtungen:**

a) Reiben Sie mit Ihren Fingern eine dünne Schicht Öl auf die Innenseite einer 5-Tassen-Servierschale oder einer dekorativen Form. Beiseite legen.

b) In einer Küchenmaschine oder einem Mixer Lachs, Mayonnaise, griechischen Joghurt, Schalotte, Paprika, Cayennepfeffer und Salz zu einer glatten Masse pürieren. In eine große Rührschüssel geben und Schnittlauch und Dill unterrühren.

c) Streuen Sie die pulverisierte Gelatine in einer großen Schüssel über das kalte Wasser und warten Sie, bis sie blüht, etwa 5 Minuten. Fügen Sie das heiße Wasser hinzu und rühren Sie um, bis sich die Gelatine aufgelöst hat, fügen Sie sie dann der Lachsmischung hinzu und rühren Sie um, um zu kombinieren.

d) Schlagsahne mit der Hand steif schlagen. Heben Sie die Creme vorsichtig unter die Lachsmischung, bis sie sich gerade vermischt hat, und geben Sie sie in Ihre Servierschüssel oder -form. Vor dem Kühlen für bis zu 4 Stunden oder über Nacht abdecken.

e) Zum Servieren den Boden der Schüssel oder Form in einen großen Topf mit heißem Wasser tauchen, um die Mousse aufzulockern. Legen Sie eine Platte auf die Form und drehen Sie sie um.

f) Schütteln Sie die Form leicht, um die Mousse auf den Teller zu gleiten, und servieren Sie sie kalt mit Crackern und Rohkost.

# FAZIT

Vielen Dank, dass Sie das Ende dieses Buches erreicht haben. Ich hoffe, Sie haben neue Methoden zur Zubereitung von Meeresfrüchten kennengelernt! Beschränken Sie sich nicht nur auf die Rezepte in diesem Buch; Probieren Sie neue Rezepte aus und Sie werden es wirklich genießen!